휴먼 터치

HUMAN TOUCH

휴먼 터치

따뜻한 터치의 힘
인간다움의 미래

레베카 뵈메 지음
안미라 옮김

새로운봄

차례

이 책은 코로나 19 팬데믹 이전에 집필되었지만, 어느 때보다 지금 시기에 가장 적절한 책입니다. 코로나 이전에는 사람과 사람 사이의 터치가 그리 중요하게 여겨지지 않았습니다. 터치는 일상적 상호작용의 부가적 요소였을 뿐, 우리는 신체적 접촉에 관심을 기울이지 않았습니다. 자신이 주변 사람들을 얼마나 자주, 또 어떠한 상황에서 터치하는지에 관심을 기울이는 사람이 있었나요? 사랑에 빠진 사람이나 사소한

이 글은 저자가 코로나 팬데믹 이후 한국어판에 보낸 추가 서문입니다.

스침, 눈에 띄지 않는 신호까지 신경을 쓰며 그것들이 어쩌면 큰 의미가 있을지도 모른다고 생각했을 것입니다. 코로나 이전에도 일상 속에서 사람과 사람 간 터치의 빈도는 줄어들고 있었습니다. 사회가 디지털화가 되면서 주변 사람들과의 여러 상호작용에도 영향을 주었기 때문입니다. 업무상의 소통은 대부분 이메일을 통해 이루어지고, 친구나 가족과도 대화도 왓츠앱 같은 메신저나 채팅 앱, 소셜미디어를 이용하는 경우가 많았습니다. 그렇다 해도 디지털 소통을 통해 만날 약속을 하고 직접 만나 신체적 접촉을 나누었습니다. 반가움에 악수를 하고, 친구를 껴안거나 슬픔에 잠긴 가족의 어깨를 토닥여줄 수 있었습니다.

그러나 지금 코로나 위기 속에서 우리는 접촉 금지, 방문 금지, 사회적 거리 두기를 준수해야만 합니다. 될 수 있으면 집에만 있는 것이 가장 바람직하고 꼭 누군가를 만나야 한다면 상대방과 2m 정도의 거리를 두어야 합니다. 상황이 이렇게 되자, 우리는 누군가를 만나게 되면 상대와 언제 그리고 얼마나 자주 터치했었는지를 깨닫게 되었습니다. 그런 의미에서 대면 접촉 금지는 기회를 의미하기도 합니다. 우리가 주변 사람들과의 관계 속에서 어떤 방식으로 상호작용했는지, 사람들 각자가 가진 터치에 대한 욕구에 대해 생각해볼 기회 말입니다. 현재 상황은 사람과 사람 간의 신체적 접촉이 얼마나 중요한지를 보여줍니다. 지금껏 우리는 터치에 대해 깊이 생각해볼 일이 없었습니다. 그런데 터치가 어려워지자 다른 사람과의 상호작용에서 불편한 공백을 느끼게 됩니다. 예컨대 누군가를 처음 만나 자신을 소개하면서 상대방에게 악수를 청할 수 없을 때 그렇습니다. 아주 가까운 사람을 만났는데도 포옹할 수 없을 때도 그렇습니다. 이런 상황에서 우리는 어떻게 할 수 있을까요? 터치를 대체할 방법이 있을까요? 반면에 악수, 포옹, 입맞춤 등의 스킨십을 싫어하지만, 사회적 관습에 따라 어쩔 수 없이 그러한 터치를 허용해야만 했던 사람들도 많습니다. 그들은 불편했던 관습적 신체 접촉을 드디어 피할 수 있다며 안도할 것입니다. 그런 사회적 관습은 누구나 따를 것이라 여기는 것이어서, 거부하면 이상한 사람으로 간주되거나 심지어 사회적으로 소외될 위험이 있었습니다.

정리해보면 코로나 팬데믹 상황은 우리에게 두 가지 기회를 주고 있습니다. 첫째는 우리가 늘 해왔던 신체적 접촉에 대해서 성찰할 기회입니다. 강제로 얻게 된 '터치-휴식기'

동안 우리는 각자가 누구와의, 어떤 터치를 가장 그리워하는지 생각하고 깨닫게 됩니다. 사람과 사람 사이의 터치 중요성을 새롭게 인식하게 됩니다. 더 나아가 나에게 누가 가장 가까운 사람이었는지 확인할 수 있게 되었습니다. 가까운 사람일수록 오랫동안 안아보지 못했다는 아쉬움이 더 크게 느껴집니다. 동시에 앞으로도 굳이 터치할 필요가 없는 사람이 누구인지도 확인시켜줍니다. 우리는 이러한 성찰의 기회를 개인적인 차원에서뿐 아니라, 사회적 차원에서도 활용할 수 있고, 활용해야만 합니다. 사람과 사람 사이의 터치에 관해 이야기하고 논한다면, 코로나 이후 시대에는 터치에 대한 보다 긍정적이고 열린 생각이 정착될 수 있을 것입니다. 터치는 신체적, 정신적 영향이 큽니다. 그러므로 매우 민감하고 조심스러워 해야 합니다. 그러나 터치를 터부시하거나 조심이 지나쳐 우리의 일상에서 배제해서도 안 됩니다. 따라서 우리 사회는 지금 이 시기를 터치에 관하여 깊이 고민하고, 관습으로 정착된 신체적 접촉 중 어떠한 것들을 폐기할지 또 어떠한 관습을 줄여야 할지 점검할 기회로 삼아야 할 것입니다.

둘째로 코로나 위기는 터치를 인간의 기본적 욕구로서 인정하고 존중할 기회를 제공합니다. 저는 코로나 이후 시대에는 터치가 더욱더 높은 위상을 갖게 되길 바랍니다. 사람과 사람 사이의 신체적 접촉을 별로 중요하지 않은 것으로 치부하지 않고, 누구에게나 애정 어리고 합의된 터치를 주고받을 권리가 있다는 사실이 옹호되는 시대가 되기를 기대합니다. 사람이라면 누구나 터치에 대한 자신의 욕구를 느끼고 허용하며 스스로 채울 수 있어야 합니다. 이는 또한 우리가 주변 사람들의 터치 욕구를 인정해야 한다는 뜻이기도 합니다. 그렇지만 터치를 강요하거나 터치로 인하여 다른 이들의 경계선을 침범해서는 안 된다는 점은 매우 중요합니다. 이는 어떻게 가능할까요? 그것은 지금까지 상호작용 속에서 그저 "중요하지 않은 것"에 불과했던 터치에 관해 이야기하는 소통을 통해서 가능합니다. 사실 친구를 안아 주기 전 또는 동료의 손을 잡거나 악수를 하기 전 상대의 동의를 구하지 못할 이유가 있을까요?

더 나아가 사람 사이의 터치에 새롭게 중요성을 부여한다는 것은 (아직 말을 하지 못하거나 이제는 말을 할 수 없어서) 터치에 관한 자신의 욕구에 관해 이야기할 수 없는 사람들에 대해서도 관심을 갖는다는 의미를 포함합니다. 홀로 외롭게 사는 사람들에 대해서도 마찬가지입니다. 인간은 생의 초기

단계와 마지막 단계에 그 어느 때보다 애정과 공감이 담긴 터치가 필요합니다.

저는 코로나 위기가 이처럼 두 가지 의미의 기회를 제공해준다고 봅니다. 그러나 우리 개개인이 그리고 우리 사회가 이 기회를 포착하고 활용할 수 있을지는 확신할 수 없습니다. 왜냐하면, 코로나 팬데믹으로 우리는 다른 사람과의 접촉을 위험한 행위로 간주하게 되었기 때문입니다. 감염 위험은 내면 깊은 곳에서부터 질병과 죽음에 대한 두려움을 일으키고 있습니다. 우리는 현재 '터치와 (물리적) 친밀감'을 곧 '위험과 두려움'으로 바로 연결하는 단계에 이르렀습니다. 물론 지금 상황에서 사회적 거리를 유지하는 것은 매우 중요하고 안전을 위한 거리 두기는 필요한 한 계속해 지켜져야 합니다만 그 필요성이 사라지면 거리 두기는 끝이 나야 합니다.

코로나 위기가 상상할 수 없을 정도로 빠른 디지털화를 촉진한다는 점 역시 문제입니다. 디지털화는 비대면 상호작용에 많은 장점이 있지만, 결코 실제의 만남을 대체할 수 없다는 사실을 잊어서는 안 됩니다. 실제로 만나야 상대를 직접 터치할 수 있기 때문만은 아닙니다. 누군가를 만나면 서로의 냄새를 맡고 상대의 호흡이나 심박 수까지도 느낄 수 있습니다. 더 나아가 실제 만남 속에서 사람들은 함께 분위기를 형성하고 공간을 공유합니다. 기술의 발전으로 언젠가는 실제 만남의 이런 특징까지도 어느 정도는 재현하는 것이 가능할지 모르지만, 기술에 의한 완전한 대체는 불가능할 것입니다.

따라서 우리는 실제 만남이 줄어드는 것을 경계하고 스스로를 잘 살피며 유연성을 유지해야 합니다. 지금까지 상당 기간 지속되고 앞으로도 오랜 시간 많은 영향을 남길 팬데믹 속에서 우리는 새로운 습관들이 생겼습니다. 누군가를 만날 때 으레 일정 거리를 유지하게 되었고 그 결과 사회적 거리에 대한 새로운 감각을 갖게 되었습니다. 또한, 직장 동료와는 디지털 수단을 통해서 주로 대화를 나누게 되었습니다. 심지어는 모니터를 통해 콘서트, 연극, 전시회를 관람합니다. 그러나 이러한 것들은 위로를 주는 임시적 방편일 뿐 완전한 대안은 아닙니다. 임시적인 대안들의 상당수는 묘한 공허함을 남기며 충분한 만족감을 주지 못합니다. 적어도 지금까지는 그렇습니다. 그러나 우리는 그러한 것들에 적응하기 시작했습니다! 결국, 지금의 특수한 상황은 언젠가 뉴노멀이 될 것입니다!

그렇다면 우리는 무엇을 할 수 있을까요? 팬데믹 이후 우리는 새로이 익숙해진 습관들에 대해 충분히 고민해보아야 합니다. 그중 일부는 유용할 수도 있습니다. 그러나 두려움이나 이미 익숙해진 까닭에 새롭게 몸에 익은 습관들을 계속 유지하지 않도록 조심해야 합니다. 쉬운 일은 아닐 것입니다. 그것은 인간이라는 존재인 우리에게 큰 도전이 될 것입니다. 인간의 내면에 깊이 뿌리내리고 있는 두 개의 본능이 서로 충돌할 것입니다. 바로 질병 감염에 대한 두려움과 친밀감에 대한 욕구입니다. 터치가 가능한 상황이 다시 도래하면, 우리는 성찰과 자기관찰을 통해 두려움을 극복하고 친밀감에 대한 욕구를 따를 것인지 스스로 결정할 수 있을 것입니다. 이 책은 우리가 왜 꼭 그래야 하는지를 설명하고 있습니다. 사람과 사람 사이의 터치는 편안함을 줄 뿐 아니라, 친밀감과 안정감을 선사하며 사랑을 증대시키고 회복력을 높이며 면역력과 우리의 전반적 안녕을 증진합니다. 따라서 미래에도 터치는 결코 포기할 수 없는 것입니다!

터치에 대한 연구를 시작하고부터 나는 가까운 사람들과의 스킨십이 늘었다. 특히 우리 아이들과 그렇다. 많이 늘기는 했지만 나는 여전히 스킨십을 하기 위해 애정을 담은 신체적 접촉이 아이와 나의 관계 그리고 아이의 발달과 나 자신의 건강을 위해 얼마나 중요한지를 계속해 상기해야 한다. 왜냐하면 독일에서는 어려서부터 다른 사람을 대할 때는 많은 경우 상대방과 적당한 거리를 두어야 하고 불필요한 신체적 접촉을 삼가야 한다고 배우면서 자라고 나도 그러한 태도가 내면화되어 몸에 배었기 때문이다. 독일에서는 악수를 제외하고 일상생활에서 터치는 전문성이 떨어지는 태도로 여긴다.

우리는 공공장소에서 연인과 진한 스킨십으로 애정을 과시하는 것은 부적절하고 다른 사람들을 불편하게 하는 행동이라 하거나 때로는 혐오감을 준다고 하기도 한다. 심지어 우리는 아이와의 스킨십에 대해서도 여전히 아이가 '응석받이'가 된다는 잔소리를 듣기도 한다. 그렇지만 터치로 전하는 감각, 즉 촉각이야말로 우리 인간에게 가장 오래되고 가장 중요한 감각이다!

사람이 세상에 태어나 경험하는 다른 사람들과의 첫 상호작용은 터치를 통해 일어난다. 신생아는 엄마 아빠의 품에 안겨 자신을 쓰다듬고 부드럽게 토닥이는 손길과 사랑스러운 입맞춤으로 상호작용을 하게 된다. 이 처음의 피부 접촉은 아이와 부모의 관계 형성에 있어서 우리가 생각하는 것보다 훨씬 중요하다. 요즘에는 신생아에게 스킨십이 중요하다는 인식이 확산되어 아이가 태어나면 분만실에서부터 스킨십을 하도록 산모의 품에 안겨준다. 난산이거나 제왕절개로 낳았더라도 아이와 곧장 스킨십을 하도록 돕는다. 이러한 신체접촉이 갖는 중요한 의미는 아이가 자라 말을 하기 시작하고 다른 사람과 언어로 소통할 수 있게 된다고 해서 줄어들거나 사라지지 않는다. 스킨십은 여전히 중요하다. 그래서 우리는 아이가 넘어지면 끌어안고 상처 난 곳을 어루만진다. 친구가 슬픔에 잠겨 있다면 지긋이 어깨에 손을 올린다. 또 누군가를 좋아하면 그 사람과 스킨십을 원한다. 장거리 연애가 힘든 것은 바로 (스킨십이 어려운) 물리적 거리 때문이다.

과거에는 부드럽고 애정 어린 터치를 느끼는 감각을 **일반감각**common sense으로 간주했다. 이는 몸속으로부터 전해지는 배고픔, 목마름, 간지러움을 비롯해 고통, 추위 등 모든 몸 상태에 대한 느낌을 일컫는데, 그러나 오감五感 중의 일부가 아니라 독자적인 감각으로 여겼다. 다시 말해 사랑을 담은 터치가 주는 느낌은 단순한 촉각으로 분류되지 않았다는 것이다. 철학자 임마누엘 칸트 역시 비슷한 이야기를 했는데, 인간에게는 의식적으로 자신의 몸속 상태를 파악하게 해주는 내적 감각inner sense이 있다고 했다. 학계에서는 이를 '**신체내부감각**interoception' 이라 한다. 누군가 나를 다정하게 쓰다듬을 때 바로 이 감각이 활성화된다. 애정을 담아 누군가 나의 피부를 천천히 부드럽게 쓸어 내리면, 특수한 신경섬유가 이 자극을 감지한다. 이 자극은 일반적으로 촉각을 처리하는 곳과는 다른 척수 속 부분에서 처리된다. 그래서 소위 말하는 부드러운 어루만짐은 단순한 촉각이 아닌 아주 특별한 감각을 불러일으킨다. 이 감각은 우리가 주변 환경을 탐색하고 알아가기 위해 사용하는 촉각과는 다른 별도의 감각으로 자기 자신 즉, 신체적 자기physical self와 사회적 자기social self를 파악하고 인지하는 감각인 것이다.

사람 사이의 터치에는 아주 특별한 효능이 있다는 것을 누구나 알고 있지만, 우리는 그 사실을 간과하곤 한다. 누군가의 손을 꼭 붙잡고 흔들며 악수할 때, 누군가의 어깨를 다독일 때, 누군가를 부드럽게 안을 때, 누군가에게 입을 맞출 때, 누군가의 팔을 다정하게 쓸어내릴 때… 터치를 통해 두 사람 사이의 상호작용은 활력을 얻고 언어만으로는 결코 전달할 수 없는 감정을 전하게 된다. 아주 짧은 순간의 신체적 접촉만으로도 강렬한 감정이 일어나는 경험은 누구나 있을 것이다. 우리 삶에 터치나 스킨십이 얼마나 근본적이고 중요한지는 평소에 사용하는 언어 표현에도 드러난다. 대표적으로 우리는 감정적으로 공감할 때 "정말 가슴에 와 닿는다"고 표현을 하는데 이때도 물리적 접촉을 의미하는 동사를 사용한다.

신체적 접촉은 정서적 친밀감을 형성하는 데 있어 매우 중요하다. 터치의 가장 중요한 기능 중 하나는 애정을 표현하는 것이다. 상대방에게 애정을 표현하고 자신에 대한 상대방의 애정을 확인하는 것은 인간으로서 갖는 가장 기본적인 욕구이다. 이는 무엇보다 부모와 자식의 관계 그리고 서로 사랑하는 남녀 관계에서 두드러진다.

그러나 그 외 인간관계에서는 터치가 부수적 역할만 하는 듯하다. 왜냐하면 주로 인사와 같이 형식적인 틀 안에서만 신체적 접촉이 이루어지기 때문이다. 피부접촉과 감각에 관한 연구들을 살펴보면 과거에는 다양한 특성을 가진 표면과 질감을 구분하는 촉각에 관한 연구가 주로 이루어졌다. 그러나 몇 년 전부터 비로소 학계도 사람과 사람 간의 터치에 관심을 갖고 터치가 인간의 사회적 관계와 상호작용에 어떤 영향을 미치는지 연구하기 시작했다. 그 결과 우리가 인지하지 못한다고 하더라도 사람과 사람 사이에 상호작용으로서 일어나는 사회적 터치social touch가 우리의 행동에 예상보다 훨씬 더 많은 영향을 준다는 사실이 밝혀졌다. 이 책을 통해 이러한 터치 또는 신체적 접촉이 우리에게 어떻게 작용하는지를 소개하려고 한다. 이 책을 읽는 모든 사람이 사랑하는 사람들과 더 의식적으로 그리고 더 자주 터치 할 수 있게 되기를 기대한다.

부드러운 아기피부

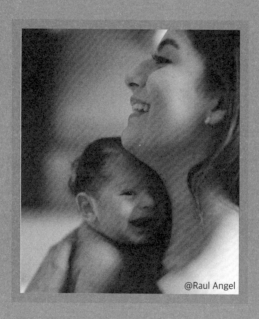

@Raul Angel

멜리사는 태어난 지 며칠밖에 되지 않은 깜찍하고 귀여운 아기다. 갓 태어난 손녀를 보기 위해 달려온 할머니 할아버지는 가장 먼저 "우리 손녀 한번 안아 봐도 되겠니?"라고 물으며 멜리사를 향해 손을 뻗는다. 할머니는 조심스레 멜리사의 볼을 어루만지며 부드러운 살결에 감탄한다. 아기의 연약하고 부드러운 피부는 각종 신생아 용품을 만드는 회사들 역시 특히 신경을 쓰는 부분이다. 멜리사가 태어나기 전 엄마 아빠가 주변 사람들로부터 추천받아 준비해놓은 기저귀며 신생아 전용 크림 등은 모두 아기의 피부를 관리해주며 보호한다는 제품들이다. 아기의 피부는 성인용 스킨케어 제품 광고에도 종종 등장한다. 결점 없는 아기 피부처럼 될 수 있다고 광고하면서 완벽한 피부를 아기 엉덩이 같다고 표현하기도 한다. 누구나 어린 아기를 보면 품에 안아보고 싶어 하고 부드러운 피부를 만져보고 싶어 한다. 그런데 그것이야말로 아기들이 필요로 하는 것이다.

체온과 친밀감

멜리사는 태어나자마자 엄마의 품에 안겨 한참 동안 엄마와 스킨십을 나눴다. 체중을 재고 여러 검사를 하고 옷을 입는 등 세상에 나온 후 해야 할 다른 모든 것보다 아기와 엄마가 서로를 탐색하고 알아가는 이 아름다운 시간이 먼저다. 갓 태어난 멜리사는 아직 시력이 약해 약 30cm 내에 있는 것들만 볼 수 있다. 더 멀리 있는 것들은 초점이 맞지 않아 흐릿하게 보일 뿐이다. 청각 역시 생후 4주가 되어야 비로소 정상 수준까지 발달한다. 그때까지는 엄마 아빠에 대한 애착이 터치를 통해서 형성된다. 그래서 안고 있다가 내려놓으면 아기는 울음을 터뜨리는 것이다. 엄마나 아빠가 곁에 있고 계속해서 아이에게 말을 건넨다해도 안고 있다 내려놓으면 아기는 운다. 출생 직후 피부로 접촉하는 스킨십은 오늘날 아이와 부모의 유대를 강화하는 가장 중요한 방법으로 알려져 있다. 오랜 시간 자궁 속에서 양수와 양수를 감싸고 있는 양막에 둘러싸여 지내다 세상에 나온 신생아에게 갑자기 온몸을 감싸주던 부드러운 압력이 사라진 것은 엄청난 충격일 것이다. 그래서 멜리사는 엄마 뱃속에서 느끼던 양수와 비슷한 안정감을 주는 엄마 아빠의 따스한 품을 새로운 대안으로 삼는 것이다.

신생아에게 스킨십은 정서뿐 아니라 신체 발달 차원에서도 여러 이유로 유익하다. 다수의 연구결과에 따르면 출생 직후 피부를 통한 접촉은 호흡, 체온, 혈당을 안정시킨다. 호흡, 체온, 혈당은 출생 직후 신생아의 건강을 판단하는 데 있어서 중요한 지표들이다. 이 지표들은 신생아의 몸이 새로운 환경에 얼마나 빠르게 그리고 잘 적응하는지 판단하는 기준들이다. 막 세상에 태어난 아기는 매우 예민하고, 출생 직후의 적응기는 아기의 건강을 좌우하는 중요한 시간이다. 출생 직후 새로운 환경에 잘 적응하지 못하는 것은 건강상의 위험신호로 보아야 한다. 얼마 전까지만 해도 아이가 태어나면 곧장 엄마에게서 떼어 몸무게를 측정하고 각종 장비를 이용해 다양한 반응을 관찰하며 아이의 건강 상태를 확인했다 (여전히 그런 경우들이 종종 있다). 인간은 모든 상황을 통제하고 안전을 확인하려는 경향이 있고, 이를 기술 장비와 구체적인 데이터로 뒷받침할 수 있다면 더욱 안심할 수 있기 때문이다. 그런데 잘 생각해보면 석기시대나 빙하시대에 살던 우리의 조상들은 태어나자마자 극단적 추위 등 매우 어려운 환경에 적응해야만 했다. 그 시대에는 난방 장비는커녕 두껍고 따뜻한 옷도 없었기 때문에 아이에게 온기를 제공할 방법은 엄마의 체온뿐이었다. 기술의 엄청난 발전에도 불구하고 엄마의 체온은 여전히 아이의 건강을 지켜주는 가장 좋은 방법이다. 태어나자마자 엄마와 피부접촉이 있었던 아이들은 태어나 바로 엄마에게서 떨어져 따뜻한 신생아 침대에 눕혀진 아이들에 비해 몇 시간이 지난 후에도 체온을 더 높게 유지한다.

출생 직후 스킨십은 아이뿐 아니라 부모에게도 좋은 효과가 있다. 애착을 높여주는 호르몬인 옥시토신Oxytocin은 아이를 안거나 수유를 하면서 신체접촉을 할 때 대량으로 분비된다. 옥시토신이 분비되면서 부모와 아이 사이에 좋은 관계가 형성되기 위한 기본적 조건이 마련된다. 그러나 아이와의 스킨십이 부모에게 단시간 안에 대단한 효과가 있는지는 정확하게 확인하기 어렵다. 신생아의 체온이 높게 유지되는 것 같은 가시적인 효과를 어른에게서는 즉시 확인할 수 없기 때문이다. 그러나 장기적으로는 긍정적인 효과들이 계속해 이어진다. 이미 1970년대에 연구자들은 출산 직후 스킨십을 한 엄마와 아이가 훗날 훨씬 더 좋은 관계를 유지한다는 사실을 입증했다. 출산 직후 아이를 안고 있으면서 스킨십을 했던 엄마일수록 모유수유를 더 성공적으로 그리고 더 오랫동안 한다는 조사 결과도 있다. 또한 모유를 먹고 자란 아이들이 면역력이 더 좋고 자가면역질환에 걸릴 확률도 더 낮을 뿐 아니라, 게다가 평균 IQ도 약간 더 높은 것으로 나타났다. 모유는 뇌 발달을 촉진하는데, 특히 신경 전달 통로인 백질(white matter; 뇌에는 회백질과 백질이 있는데, 백질은 회백질 사이를 연결하는 조직으로 정보를 전달하는 통로로 알려져 있다-옮긴이)의 발달을 자극한다. 그 외에도 모유의 다양한 구성성분이 건강하고 저항력이 우수한 장내세균총(출생 후부터 장 내에 형성되는 미생물의 무리-옮긴이) 형성을 가능케 해준다. 건강한 장내세균총은 아이의 건강한 성장을 위한 중요한 밑거름

이 된다. 만약 장내세균총에 문제가 생기면 행동장애의 원인이 될 수 있다. 요컨대 태어난 순간부터 아이와 스킨십을 하고 그 결과 성공적으로 모유수유를 한 엄마라면 아이의 건강과 발달을 위해 가장 좋은 일을 했다고 할 수 있다. 이토록 간단하면서도 장기적이고 광범위한 효과가 있는데도 병원이나 신생아실에서 엄마와 아이의 스킨십에 더 많은 관심을 기울이지 않는다면 의아한 일이다.

엄마와 아이 사이의 터치가 불러일으키는 효과는 오래 지속된다. 출생 직후 1~2시간 동안 스킨십을 경험한 아이는 생후 1년 후에도 다른 아이에 비해 쉽게 좌절하지 않으며 격한 감정을 느끼더라도 자신을 달래고 진정할 줄 안다. 조산아의 경우에도 신생아일 때 충분한 터치를 경험하면 10년이 지난 후까지 효과를 발휘한다! 출생 직후 스킨십을 많이 경험한 조산아들은 그렇지 않은 비교군의 조산아들에 비해 인지능력이 우수하고, 스트레스를 덜 받으며 잠도 더 잘 자는 것으로 확인되었다.

감탄을 자아낼 만한 연구결과들이지만 생각해보면 너무나도 당연한 결과다. 부모와 신생아 사이의 신체적 접촉은 적어도 포유류 동물에게는 모두 똑같이 중요한 것으로 보인다. 개나 고양이만 봐도 갓 태어난 새끼를 끊임없이 핥고, 말도 망아지의 몸 구석구석 냄새를 맡고 코를 들이밀며 터치한다. 쥐도 새끼를 계속해 핥는다. 관찰 결과 어미 쥐의 규칙적인 터치는 새끼 쥐가 성장한 후의 행동에 차이를 가져왔다. 어미로부터 충분한 사랑을 받지 못한 즉, 어미가 충분히 핥아주지 않은 쥐는 충분히 스킨십을 경험한 쥐보다 성장한 후에도 겁이 많고 스트레스에도 약한 것으로 확인되었다. 쥐가 어미로부터 받은 스킨십과 훗날의 스트레스에 대한 저항력 사이의 관계는 세포 관찰을 통해서도 확인되었다. 스트레스를 처리하는 데 있어 중요한 역할을 담당하는 당질코르티코이드glucocorticoid 수용체의 생산은 어미 쥐가 핥아주는 것에 의해 조절된다. 어미가 새끼 쥐를 핥아주는 빈도와 이 수용체의 생성 사이의 상관관계는 쥐의 생존에 있어 중요한 의미가 있다. 스트레스가 많은 어미 쥐는 새끼 쥐를 덜 핥아주는데 먹이가 충분하지 않거나 주변에 고양이나 새가 많은 경우 그럴 수 있다. 어떤 의미에서는 스트레스를 많이 받은 어미 쥐는 새끼들을 위험한 환경에서 생존할 수 있게 준비시키는 것이라고도 할 수 있다. 그런 새끼 쥐들은 예민하고 겁이 많아 늘 주위를 살피며 위험을 더 빨리 감지하게 된다.

비슷한 실험을 했던 연구자들은 새끼 쥐를 무리에서 분리시키는 등의 방법으로 스트레스를 주게 되면, 새끼 쥐가 다 성장한 후에 우울증세를 보인다는 사실을 밝혀냈다. 쥐가 우울증에 걸렸는지 측정하는 것은 말처럼 간단하지는 않다. 어떤 쥐가 우울증인지 아닌지를 진단하는 것은 불가능하지만 우울증의 증상이나 일부 측면에서 확인할 수는 있다. 이때 흔히 이용되는 방법이 '수영 테스트'다. 물을 채운 수조에 쥐를 넣으면 평범한 쥐라면 가라앉지 않기 위해 수영을 하듯 다리를 허우적거린다. 그러나 '우울한' 쥐의 경우 그냥 상황에 내맡겨 버린다. '우울한' 쥐는 전혀 상황에서 벗어날 의욕이 없는데, 이는 우울증을 앓는 사람들이 보이는 대표적인 증상이다. 우울한 쥐에게서 나타나는 이 증상은 이른바 '학습된 무기력learned helplessness[*]' 실험을 통해도 확인된다. 소음과 같은 불편한 자극이 가해지는 스트레스 상황에서 쥐가 벗어나기 위해 노력을 하는지, 그리고 얼마나 빨리 벗어나는지를 관찰한다. 그 외에도 주변 환경을 어느 범위까지 탐색하

---

[*] 피할 수 없는 부정적 상황을 반복해 겪으면 그 상황을 피할 수 있는데도 피하려는 시도조차 하지 않고 자포자기하는 현상을 말한다.

는지, 경계가 보이지 않는 넓은 공간을 탐색하는 의지를 보이는지 등의 관찰을 통해서도 '우울한' 쥐의 특성이 드러난다. 물론 '우울한' 쥐가 보이는 행동과 원인이 인간에게도 그대로 적용되는지에 대해서는 논란의 여지가 크다. 그러나 심리학자와 의학 전문가들은 인간의 경우에도 어린 시절 스트레스를 많이 받는 경험이 훗날 우울증에 걸릴 확률과 깊은 연관성이 있다는 데 동의한다.

사랑의 본질

1960년대에 해리 할로우Harry Harlow가 붉은털원숭이를 대상으로 실시한 연구결과는 널리 알려지고 자주 인용되고 있다. 1960년대만 하더라도 아이들에게 너무 많은 관심과 사랑을 주면 버릇이 없어질 뿐이라서 아이들을 많이 안아주거나 굳이 스킨십을 할 필요가 없다는 의견이 팽배했다. 할로우는 새끼 원숭이들을 어미와 분리시켜 어미 역할을 대체할 장치가 있는 곳에서 지내게 했다. 그곳에는 철사로 만들어졌지만 우유를 주는 원숭이 모형과 우유를 주지는 않지만 부드러운 천으로 만든 원숭이 모형이 설치되어 있었다. 할로우는 새끼 원숭이들이 우유를 제공하는 철사 원숭이 모형을 친근하게 여길 것이라 예상했다. 그러나 당시의 발달심리학자나 교육전문가들의 일반적인 예상과 달리 새끼 원숭이들은 천으로 만들어져 껴안을 수 있는 포근한 원숭이 모형 주위에서 주로 생활을 했다. 그러다가 배가 고플 때만 철사 원숭이 모형을 찾았다. 물론 곁에서 지내기에는 포근한 원숭이 모형이 더 편안하기 때문이라고 설명할 수도 있다. 그러나 포근한 원숭이 모형과의 신체적 접촉은 단순한 편안함을 넘어 그 이상의 역할을 한 것으로 보인다. 할로우는 추가 실험을 통해 이를 입증했다. 할로우는 (줄을 잡아당기면 큰 소리가 나는 장난감 등을 이용해) 새끼 원숭이들에게 매우 낯설고 깜짝깜짝 놀라게 하는 강한 자극을 주었다. 실험 결과 원숭이들은 시끄러운 소리에 놀라면 먹을 것을 주는 철사 원숭이 모형이 아닌 포근한 원숭이 모형에게 안겼다. 또 다른 실험에서는 철사 원숭이 모형이나 포근한 원숭이 모형 둘 중 하나만 있는 공간에 새끼 원숭이들을 들여보냈는데 이번에는 두 어미 원숭이 모형 모두 우유를 제공하였다. 철사 원숭이 모형과 지낸 새끼 원숭이들은 포근한 원숭이 모형과 지낸 원숭이들과

별 차이 없이 성장하는 듯했지만 한 가지 면에서만큼은 분명한 차이가 있었다. 바로 스트레스 지수가 높다는 점이었는데, 소화장애를 겪는 것과 낯선 환경에 놓일 때 주변을 적극적으로 탐색하지 않는 모습을 통해 이를 확인할 수 있었다. 할로우는 더 나아가 일부 원숭이를 무리에서 철저히 분리시켜 생활하게 했다. 무리와 떨어져 외롭게 지낸 원숭이들은 성장한 후 심각한 행동장애를 보였다. 할로우의 원숭이 실험은 「사랑의 본질The Nature of Love」이라는 제목의 논문으로 세상에 소개되었다. 이 실험결과들이 알려지면서 아이의 발달, 부모와 아이의 관계에 대한 사람들의 인식이 바뀌었다. 아이에 대한 관심과 사랑, 그리고 이러한 감정을 애정이 어린 터치로 표현하는 것이 더 이상 지나친 것이 아니라 생물학적으로 유의미한 행위로 받아들여지기 시작했다. 또 아이를 키우며 부모가 해야 할 중요한 과제 가운데 하나가 되었다. 안아주고 스킨십을 하는 것에 중요한 의미가 부여되면서 터치의 가치가 재평가되고 사회적으로 수용되기 시작했다. 터치의 이러한 **기능**이 새롭게 발견된 후에야 아이들과의 스킨십이 중요하고 의미 있는 행위로 받아들여지게 되었다는 사실은 유감스러운 일이다. 터치에 대한 욕구와 터치하는 그 친밀한 순간에 우리가 느끼게 되는 안정감과 만족감만으로는 터치의 중요성과 필요성이 충분히 정당화되지 못했던 것이다.

동물실험의 결과가 사람에게 그대로 적용되는지 의문을 가질 수도 있다. 사람은 붉은털원숭이가 아니기 때문에 충분히 그럴 수 있다. 그렇다고 이러한 실험을 사람을 대상으로 실시할 수는 없을 뿐더러 다행히 오늘날에는 윤리위원회가 있어서 인간 아기에게 동물을 대상으로 했던 실험을 하도록 허용해주지 않을 것이다. 그러나 13세기에만 해도 과학실험의 윤리적 문제를 판단하는 윤리위원회라는 것이 존재하지 않았다. 당시 프로이센의 국왕이었던 프리드리히 2세는 '원시언어proto-language'라는 것이 존재하는지 확인하고 싶었다. 다시 말해 대화할 사람이 전혀 존재하지 않더라도 아이들은 말을 배울 수 있을까? 이럴 경우 어떤 언어로 말을 하게 될까? 그 자체만으로는 매우 흥미로운 질문들이었다. 그런데, 프리드리히 2세는 이에 대한 답을 찾기 위해 실제 아이들을 대상으로 한, 윤리적으로 절대 용납할 수 없는 실험을 진행했다. 그는 실험대상이 된 아이들을 돌보는 보모들에게 아이들 앞에서 철저히 침묵하게 하고, 먹이고 씻기는 등의 최소한의 보살핌 외에는 아이들과 접촉하지도 못하게 하였다. 아이들은 충분한 신체적 접촉을 경험하지도 못하였고 결국 모두 사망하고 말았다. 프리드리히 2세는 다음과 같이 기록했다. "아이들은 보모의 손길과 행복한 표정과 따뜻한 말 없이는 생존하지 못하였다."

오늘날에는 사람이 태어나 경험하는 첫 스킨십과 터치가 건강한 발달을 위해 얼마나 중요한지 잘 알려져 있다. 세계보건기구는 출생 직후부터 첫 수유가 성공할 때까지는 엄마와 신생아가 함께 있도록 권장한다. 엄마가 함께 있기가 불가능한 상황이라면 아빠가 엄마를 대신해 '생애 처음 경험하는 따뜻한 품'을 제공할 수도 있다. 조산사들은 건강상의 이유 때문에 출생 후 곧바로 부모에게 안기기 어려운 신생아에게는 나중에라도 분만과 유사한 상황을 재현해 아이가 놓친 생애 최초의 스킨십을 경험하는 '유대감 재형성Re-Bonding'을 하도록 권한다. 편안하고 조용한 분위기에서 아이를 따뜻한 목욕물에 잠시 담갔다가 상의를 벗은 엄마의 품에 안겨주어, 분만 직후 엄마에게 안기는 느낌을 재현하는 것이다. 보고서에 따르면 이 방법을 경험한 사람들은 매우 큰 효과를 보았고, 적어도 엄마의 정서에 확실히 유익한 영향이 있었다고 한다.

쓸어 어루만지는 감각

∞∞∞∞∞∞∞∞∞∞∞∞∞∞∞∞∞∞∞∞∞∞∞∞∞∞

멜리사는 별다른 문제없이 태어났고, 엄마가 품에 안고 있는 동안 조산사는 뒤처리를 했다. 멜리사는 엄마의 품에 안기자 금방 젖꼭지를 찾았고 초유를 먹는데 성공했다. 엄마 아빠는 부드럽고 얇은 솜털로 뒤덮인 아기의 등을 쓰다듬었다. 멜리사는 예정일보다 며칠 일찍 태어났고 배냇솜털도 아직 빠지기 전이었다. 배냇솜털은 임신 15주 차 정도에 생기기 시작해 태아의 몸 전체를 뒤덮는다. 하나하나의 배냇솜털은 피지를 만들어내는 피부기름샘과 연결되어 있고 여기에서 생산되는 피지가 태아의 피부를 코팅해 양수로부터 피부를 보호한다. 솜털의 기능은 이것만이 아니다. 각 솜털에는 움직임을 감지하고 그 정보를 뇌로 전달하는 수용체(세포막이나 세포질에 존재하며, 세포 밖에서 전달되는 물질의 화학적 신호나 물리적인 자극을 받아들인다-옮긴이)가 있다.

우리의 피부에는 다양한 종류의 수용체가 있다. 어떤 수용체는 피부에 가해지는 압력을 인지하고 어떤 수용체는 진동을 감지하는 데 특화되어 있다. 어떤 것은 열, 어떤 것은 차가움에 반응하고 또 어떤 것은 통증을 감지한다. 이는 오래

전부터 알려진 사실이다. 그런데 2000년대에 들어와 촉각을 연구하던 학자들이 그동안 알려지지 않았던 새로운 종류의 수용체인 일명 C-촉각 섬유C-tactile fiber를 발견했다. 이 수용체는 통증과 온도에 대한 인지를 담당하는 'C-섬유'의 한 종류다. C-섬유는 다른 피부 수용체인 A-섬유보다 자극을 천천히 전달하기 때문에 C-섬유라 불린다(이상하게도 B-섬유는 존재하지 않는다). C-섬유는 척수 속 끝나는 영역이 A-섬유와 다르고, C-섬유가 전달하는 정보는 뇌에서 A-섬유가 제공하는 전통적인 촉각 정보 즉, 어떤 물체의 표면구조, 진동, 날카로운 모서리 등에 대한 정보와 별개로 처리된다. A-섬유는 주변 환경을 탐색하는 데 중요한 역할을 하는 능동적인 감각을 담당하는 반면 C-섬유는 몸 속에서 오는 느낌과 상태를 파악하는 역할을 하는데 예컨대 뜨거움, 차가움, 통증 등의 감각 즉 '신체내부감각'에 대한 정보를 처리한다. 다시 말해 '몸속 상태에 대한 인지'를 담당하는 것이다(더욱 자세한 사항은 9장 참조). C-촉각 섬유는 매우 특별한 성질이 있는데 바로 피부가 쓰다듬어질 때 반응한다는 점이다. 그렇다면 피부의 수용체는 쓰다듬는 것을 어떻게 알아차릴까? C-촉각 섬유들은 쓰다듬는 행위가 유발하는 특유의 자극에 민감하게 반응한다. 평균 체온보다 약간 낮은 온도를 가지고 특정한 속도로 움직이는 대상과 접촉이 일어나면 반응하는 것이다. 가장 크게 반응을 일으키는 이상적인 조건은 사람의 손가락 끝 온도에 해당하는 약 32℃ 정도의 온도를 가진 대상이 초당 1-10cm의 속도로 피부를 쓸어내릴 때이다.

멜리사의 엄마 아빠는 C-촉각 섬유에 관해 들어본 적도 없지만, 아이를 가장 이상적인 속도로 어루만진다! 멜리사의 아빠가 출산 후의 아내를 행복하고 애틋한 마음으로 쓰다듬을 때도 가장 이상적인 속도로 피부를 쓸어내렸다! 이는 출산 직후의 산모나 신생아를 어루만질 때만 관찰되는 것은 아니다. 우리는 상대가 누구든 사랑하는 사람과 스킨십을 할 때 자연스레 이상적인 속도로 피부를 쓸어내린다. 우리는 본능적으로 C-촉각 섬유가 가장 활발하게 반응하는 속도로 스킨십을 하는 것이다.

그런데 이것이 끝이 아니다. 다른 사람으로부터 이상적인 속도로 쓰다듬을 받는 사람은 상대를 매우 편안하게 받아들이게 된다. 적당한 쓰다듬기의 속도에 대한 선호가 타고난 것인지 아니면 후천적으로 학습된 것인지는 불명확하다. 어쩌면 우리는 오랜 기간 일정한 속도와 방법으로 어루만짐을 받아 왔고, 이 때문에 그러한 속도와 방식의 터치를 사랑과 안정감의 신호로 받아들이는 지도 모른다. 느리고 부드럽게 피부를 쓸어내리는 것에 대한 선호는 이미 갓난아기에게서 발견되고 보편적인 현상으로 보이기 때문에 타고난 생물학적 특징의 일부라고 할 수 있다. 엄청 빠른 속도로 쓰다듬을 받는 것을 좋아하는 사람이 있다면 이상한 사람으로 보일 것이다. 우리가 쓰는 표현도 쓰다듬는 것이 일정 속도를 전제하고 있음을 암시한다. '쓰다듬다' 또는 '쓰담쓰담'이란 표현 자체가 너무 빠르지 않은 행동을 연상시키는 데 반해, 무언가를 닦아낼 때의 행위를 표현하는 '문지르다'나 '닦아내다'는 훨씬 더 빠른 행동을 떠올리게 한다. 막 태어난 멜리사에게 어느 정도의 속도로 쓰다듬는 것이 가장 마음에 드는지 물어볼 수는 없지만, 몇몇 연구에 따르면 아기를 어루만짐 없이 수동적으로 터치할 때보다 이상적인 속도로 쓰다듬을 때 아기들이 미소 짓는 빈도가 훨씬 높다.

적당한 쓰다듬기 속도에 대한 선호가 타고난 것이라는 사실은 일명 '부드러움 착각softness illusion'이라 불리는 즉, 자신의 피부보다 다른 사람의 피부를 훨씬 더 부드럽게 느끼는 현상을 통해서도 알 수 있다. 이 현상은 참가자들에게 자기 자신의 팔과 다른 사람의 팔을 쓰다듬게 한 실험을 통해 확인되었다. 실험참가자들은 자신의 팔과 다른 사람의 팔을 쓰다듬은 후 어느 팔이 더 부드러웠는지를 평가하였다. 참가자들은 다른 사람의 팔을 가장 이상적인 속도로 쓰다듬으며 또 쓰다듬는 행위를 자신이 전적으로 통제할 수 있을 때 다른 사람의 팔을 자신의 팔보다 훨씬 더 부드럽다고 평가하였다. 연구자들이 실험참가자들의 손목을 잡고 다른 사람의 팔을 쓰다듬도록 이끌 경우에는 상대의 팔을 덜 부드럽게 인식했다. 이 실험은 여성들만 참여시켜 팔의 안쪽 피부만을 쓰다듬는 실험이었다. 따라서 여성 참가자들이 상대적으로 털이 더 많은 남성의 팔을 쓰다듬을 경우에도 다른 사람의 피부를 훨씬 더 부드럽게 느낄 것인가에 대한 답은 주지 못하였다. 궁금하다면 직접 실험을 해보는 것은 어떨까?

성인은 다양한 종류의 털이 있지만, 모든 털은 센서 같은 수많은 수용체로 둘러싸인 모낭에서 나와 자란다. 성인의 경우 C-촉각 섬유는 손바닥이나 발바닥 같은 부분이 아니라 털이 많이 난 신체부위에 집중적으로 분포되어 있다. 아기는 대부분 태어나기 전에 배냇솜털이 빠진 상태라 하더라도 출생 전에 발달한 모낭은 태어난 후에도 계속해 유지된다. 예를 들어 얼굴처럼 체모가 나지 않는다고 생각하는 부위도 모낭으로 뒤덮여 있다. 따라서 이곳에 C-촉각 섬유가 존재할 가능성이 매우 높다. 실제로 사람은 몸의 대부분이 잘고 투명한 털('솜털')로 뒤덮여 있다고 할 수 있다. 화학적인 제모제를 이용해 털을 제거하더라도 모낭은 계속해서 제 기능을 유지하며 터치가 주는 느낌을 전달한다.

평균적으로 여자가 남자보다 모낭의 밀도가 더 높다. 일반적으로 남자가 털이 더 많아서 밀도가 더 높다고 예상하지만 모든 신생아는 같은 수의 모낭을 가지고 태어난다(그리고 후천적으로 모낭의 개수가 더 늘어나지도 않는다). 사람이 성장하면서 피부의 부피도 늘어나므로 모낭의 밀도는 낮아지게 된다. 평균적으로 남자는 여자보다 덩치가 크기 때문에 피부 1제곱센티미터당 모낭의 수가 여자보다 적을 수밖에 없다. 이는 어떤 영향이 있을까? 한 실험을 통해 천천히 쓰다듬을 때 여자가 남자보다 더 편안하고 기분 좋게 받아들인다는 것이 확인되었다. 그러나 피부의 모낭 밀도와 쓰다듬기가 주는 느낌의 평가에 대한 직접적인 상관관계는 입증되지 않았다. 따라서 피부에 분포된 모낭의 양이 터치를 어떻게 느끼도록 한다고 단정할 수는 없다. 그러한 결론은 너무나 단순한 것이다.

예컨대 터치와 그를 받아들이는 인식에는 문화적 규범, 상대에 대한 생각 그리고 무엇보다도 지극히 개인적인 사연과 같은 다수의 요소가 관여하기 때문에 모낭의 밀도만으로 터치가 전달하는 느낌에서 기분의 차이를 느끼는 이유를 충분히 설명할 수는 없다. 터치가 전달하는 느낌을 좌우하는 다양한 요인들에 대해서는 다음 장들에서 이야기하려고 한다.

어쨌거나 확실한 것은 다른 요인들을 배제한다면 우리는 평균적으로 초당 3cm 정도의 속도로 그리고 32℃의 체온을 가진 손으로 쓰다듬을 때의 느낌을 가장 좋아한다는 것이다. C-촉각 섬유를 가장 활성화하는 쓰다듬기는 뇌에 특별한 활동 패턴을 촉발하는데 이때 모든 종류의 터치와 촉각 자극을 일차적으로 처리하는 영역인 체감각피질somatosensory cortex이 활성화된다. 더 나아가 사회적 상황에 대한 정보 처리와 자기 몸의 표현에 관여하는 뇌 부위들인 뇌섬insula, 후두정피질posterior parietal cortex 및 측두피질temporal cortex의 일부도 활성화된다. 자극에 대해 긍정적 또는 부정적으로 평가하고 분류하는 뇌 부위인 안와전두피질orbitofrontal cortex 역시 활성화된다.

실험에서는 표준화를 위하여 쓰다듬는 용도로 흔히 부

드러운 붓을 사용하는데, 연구자들이 붓으로 실험참가자들의 팔을 터치할 때면 계속해 A-섬유도 함께 자극된다. 따라서 뇌 속에서 일어나는 활성화의 패턴이 어떠한 수용체 타입과 관련이 있는지 설명하기란 쉽지 않다. 그런데 흔하지 않지만, 유전적으로 A-섬유가 발달하지 않고 C-섬유만 가진 사람들이 있다. 이러한 사람들의 경우 팔을 천천히 쓰다듬을 경우 체감각피질이 전혀 활성화되지 않고, 뇌섬이 활성화되는 패턴이 확인된다. 이것으로 보아 C-촉각 섬유는 신체의 내부로부터 발생하는 자극 즉, 자기 몸의 현재 상태에 대한 감각 정보를 뇌섬으로 곧장 전달하는 것으로 보인다. 바로 이러한 이유 때문에 뇌섬을 '의식의 자리seat of consciousness'라고 주장하는 사람들도 있지만 그것은 지나친 해석이다.

멜리사의 배냇솜털 이야기로 돌아가 보자. 멜리사가 아직 엄마의 자궁 속에 있을 때는 몸을 뒤덮고 있던 솜털들이 양수 속에서 이리저리 움직였다. 마치 욕조에 물을 받아 놓고 들어가 앉아 물속에서 팔을 이리저리 움직일 때 팔에 난 털이 움직이듯 말이다. 멜리사의 뇌는 이미 엄마의 뱃속에서 배냇솜털 자극을 통해 촉각을 인지하고 이해하는 법을 배웠다. 인간의 태아는 솜털이 발달하기도 전인 임신 6주 차에도 다른 감각들이 발달하기 전이지만 피부 자극에는 이미 반응한다! 무엇보다도 흥미로운 것은 쌍둥이의 경우 엄마 자궁 속에서 서로를 터치하는데 그것이 의지적 행위라는 것이다. 그것도 임신 14주 차부터 말이다. 조산아들을 관찰한 결과에서도 조산아들의 촉각이 매우 잘 발달되어 있다는 사실이 밝혀졌다. 분만 예정보다 6~7주 일찍 태어난 아기들이라도 촉각이 발달한 덕분에 특정 형태의 물체를 기억해낼 수 있다. 신생아들에게 손에 쥔 물건이 익숙한 것인지 아니면 낯선 것인지 물어볼 수 없기 때문에 특별한 방법이 개발되었다. 아기들은 자신이 이전에도 접해본 적이 있는 물건일수록 더 짧은 시간 동안만 손에 쥔다는 것이 밝혀졌는데 신생아들은 새로운 접촉 자극에 보다 긴 시간 '촉각적으로 집중'하는 것이다. 새로운 물건은 1분가량 손에 쥐지만 같은 물건을 12번 반복해 쥔 경우에는 몇 초 지나지 않아 놓아버린다. 다른 종류의 새로운 물건을 주면 다시 1분가량 손에서 놓지 않는다. 이 간단한 실험을 통해서 태어나기 직전 달에도 이미 태아의 뇌가 촉각을 이용해 형태를 인지하고 기억할 수 있음을 확인할 수 있다. 다시 말해 인간은 태어나기 전에 터치가 주는 자극을 처리하는 법을 충분히 훈련하는 시간을 갖는 것이다.

이 사실은 신생아의 터치감각이 왜 그토록 발달해 있고 신생아에게 터치가 왜 그리 중요한지를 잘 설명해준다.

단순해 보이지만, 이 사실이 갖는 함의는 매우 크다. 배냇솜털로 인지한 터치를 통해 멜리사는 자기 몸이 어디에서 시작되고 어디에서 끝나는지를 알 수 있다. 다시 말해 출생 이전에 이미 나중에 형성될 '자기'라는 개념, 자신이 누구이고 다른 사람들은 누구인지, 자신을 둘러싼 세상에서 자신의 몸이 지금 어디에 있고 어디에서부터 시작되는지 등을 인식하는 기초가 마련되는 것이다. 이 모든 것은 우리가 상상할 수 없을 정도로 중요하다. 자기 자신과 다른 사람을 구분할 줄 아는 인간의 능력은 다른 사람과 성공적으로 상호작용하기 위한 기본적인 전제가 될 뿐 아니라 다른 사람에게 공감하는데도 필수적이기 때문이다.

좀더 생각해서 만약 솜털들이 존재하지 않거나 C-촉각 섬유가 제 기능을 하지 못한다면 어떻게 될까? 또는 아이가 너무 일찍 태어나 양수가 가하는 지속적인 압력을 충분히 느끼지 못한다면 어떻게 될까? 만약 멜리사가 자신의 몸과 몸의 경계에 대한 정보를 충분히 수용하지 못한다면 훗날 행동 문제를 겪을 위험이 높다. 몇몇 학자들은 터치 감각이 제대로 처리되지 못하는 것과 자폐성 장애 환자의 사회성 문제 사이에 깊은 관련성이 있다고 주장한다. 신경성 식욕부진증과 조현병 같은 정신질환 역시 터치 감각의 처리 문제와 관련이 있다고 한다. 이 점에 대해서는 뒤에서 다룰 것이다. 특히 조산아들은 많은 문제를 겪는다. 너무 일찍 태어난 아이들은 발달장애를 겪을 위험이 평균적으로 더 높다. 문법에 맞게 어휘를 나열하는 것을 어려워하거나 말을 배우는 속도가 느리고 자폐성 장애를 겪을 위험이 높은데 자폐성 장애는 터치 자극에 대한 과민성과 연관되어 있다.

물론 오늘날 조산아들은 놀랍도록 우수한 보살핌을 받으며 생존율도 매우 높지만 지금보다 더 효과적으로 보살필 수도 있다. 조산아들에게 엄마 뱃속과 유사한 환경을 제공하기 위해 인공자궁을 개발하는 시도들이 이루어지고 있다. 인공자궁이 실제로 사용되기까지는 시간이 많이 걸릴 것이다. 현재 조산아의 발달을 위한 제일 나은 방법은 가능한 한 아주 많은 신체접촉을 하는 것이다. 보호자가 아이를 몸에 꼬옥 끌어 안아주는 방식('캥거루 케어'-부모가 아기와 맨살로 가슴과 가슴, 피부와 피부를 접촉하며 보살피는 방법-옮긴이)이 가장 권장할 만하지만, 미숙아에게 필요한 의학적 조치 때문에 이 방식이 항상 가능한 것은 아니다. 마사지 역시 긍정적 효과가 있다고 입증되었다. 한 연구에서는 10분 정도로 짧지만 매일 마사지를 받은 조산아들이 12개월 후 별도의 신체적 자극을 경험하지 못한 비교군의 조산아들에 비해 인지능력이 우수하다는 사실이 밝혀졌다. 이 연구에서는 엄마들이 아기를 직접 마사지했기 때문에 우수한 인지능력의 발달이 신체적 접촉 자극에 의해서만 비롯된 것이 아닐 수도 있다. 아이와의 정기적인 신체적 접촉이 엄마에게도 지속적으로 긍정적 효과를 가져와 퇴원 후 가정에서도 아이가 사랑이 넘치고 발달이 촉진되는 좋은 분위기 속에서 지낼 수 있었을 것이다. 원인이 무엇이던 인지능력의 발달 촉진과 엄마와의 유대감 강화라는 결과는 분명하다. 아이들이 정기적인 신체적 접촉으로부터 좋은 혜택을 얻는 것만은 확실하다.

멜리사의 정상적 발달을 위해 가족과 보살피는 사람들의 손길은 매우 중요하다. 생존을 좌우할 정도로 중요하다. 친밀한 신체적 접촉은 멜리사에게 안정감을 주며 인지발달에 기여하고 스트레스에 대한 저항력을 키워준다. 신체 접촉을 많이 경험한 아이들은 스킨십의 효과를 10년 이상 누린다. 따라서 일찍부터 자녀의 발달을 촉진하고 싶은 부모라면 아이와의 스킨십, 장시간에 걸친 모유수유, 아이와 함께 자는 것 등이 필요하다. 함께 자는 것이 아이를 '응석받이 아이로 만든다'고 주장하면서 부모와 떨어져 재우기 위한 효과적인 수면교육이나 훈련 방법을 알려주겠다는 사람들의 이야기는 들을 필요가 없다. 엄격하게 수면교육을 하는 사람들보다 1년 쯤 더 피곤하게 살지는 모르지만, 아이의 미래를 위한 투자라면 그만한 가치가 있다. 나는 두 아이를 키우면서 아이들이 거부할 때까지 모유수유를 했다. 그리고 아이들이 원하는 한 우리 부부와 함께 자게 했다. 모유수유나 아이들과 함께 자는 것이 사실 불편하거나 피곤하기만 한 일도 아니었다. 나는 아이가 자다가 깨면 누운 채로 모유수유를 하면서 아이와 함께 잠들곤 했다. 덕분에 아이를 따로 재울 경우보다 훨씬 더 편안하게 오래 잘 수 있었다. 아이를 위한 이러한 투자는 생각보다 일찍 효과를 발휘했다. 두 아이 모두 또래 아이들보다 차분하고 긴장을 덜 하는 편이며, 별다른 어려움이나 언쟁 없이 자야 할 시간이 되면 스스로 자러 들어가서 아침까지 푹 자곤 한다.

위로 그리고 공감

@Jordan Whitt

파울은 만 3세가 다 되어 가는 아이로 제법 빠르게 뛰기도
한다. 파울은 놀이터에서 모래밭 주위를 달리며 수시로 아빠
가 자기를 보고 있는지 확인한다. 빠르게 뛰면서 아빠가 있
는 쪽을 보려고 고개를 돌리다가 종종 균형을 잃고 넘어진
다. 바닥에 철퍼덕 넘어진 파울은 큰 소리로 운다. 그러면 아
빠는 달려가 파울을 일으켜 안고 머리를 쓰다듬고 상처 난
무릎을 어루만진다. 아빠가 이렇게 달래주면 파울도 금방 진
정된다. 사실 그리 크게 다친 것도 아니다. 아빠의 따스한 품
과 애정 어린 어루만짐이 파울의 마음을 진정시켜준다. 달려
오지 않고 멀리서 말로만 아들을 진정시키려 했다면 파울은

분명 훨씬 더 오래 울었을 것이다.

자신 그리고 타인

갓난아기뿐 아니라 영아기를 벗어난 아이들도 애정이 담긴 신체적 접촉을 필요로 한다. 보육원에서 자라는 아이들은 생존을 위한 기본적인 보살핌을 받지만 그 이상의 스킨십이나 관심을 받지 못하는 경우가 많다. 이러한 아이들에 관한 연구 보고서들에서는 신체적 접촉과 애정 어린 상호작용이 얼마나 중요한지를 보여준다. 보육원에서 자란 아이들은 상대적으로 성장 속도가 느리다. 근육이나 운동능력의 발달뿐 아니라 사회성과 인지능력의 발달 역시 더디다. 성인이 되어서도 상대적으로 인지능력이 떨어지고 다른 사람과의 상호작용 능력 또한 제한적인 것으로 나타났다. 물론 이러한 성장 문제가 오로지 터치와 신체적 교감의 결핍에서 비롯되었다고 할 수는 없다. 모든 감각들이 덜 자극되었기 때문이라는 것이 더 정확할 것이다. 아이의 뇌는 모든 감각채널이 활성화되어야만 유입된 정보를 올바르게 처리하는 법을 배울 수 있다. 이미 살펴보았듯이 인간은 출생 후 몇 년 동안은 언어 능력이 완전하게 발달하지 않은 상태이기 때문에 신체적 상호작용이 더더욱 중요한 역할을 한다.

애정 어린 터치는 아이에게 일차적으로 사랑받고 보호받는 느낌을 전달한다. 파울은 넘어진 후 아빠의 위로를 통해 그런 느낌을 받았을 것이다. 그러나 두 사람 사이의 스킨십은 이러한 기능 외에 파울의 정상적인 발달에도 크게 기여한다. 건강한 사회성은 파울이 어린 시절 습득해야만 하는 여러 가지 능력에 기반한다. 극도로 복잡한 존재인 타인과 상호작용을 한다는 것은 결코 쉬운 일이 아니기 때문이다. 우선 상대가 어떠한 의도나 계획 그리고 욕구를 가졌는지를 예상할 수 있어야 한다. 인간은 성인이 되면 이를 충분히 연습한 상태여서 상대의 의도나 계획 등을 무의식적으로 예측한다. 우리는 친구나 연인이 크리스마스 선물로 무엇을 받고 싶어 하는지 또는 직장동료가 무슨 말을 듣고 싶어 하는지를 알아차릴 뿐 아니라, 사람이 붐비는 지하철역에서 가장 빠르고 편하게 빠져나갈 나름의 방법을 모색하는 등 일상의 다양한 상황에서 매 순간 사람들의 행동에 대한 예측 능력을 발휘한다. 발 디딜 틈이 없는 역을 통과할 때 다른 사람과 부딪

히지 않기 위해서 우리 뇌는 앞에서 다가오고 옆을 지나가는 사람들이 어떻게 움직일지 끊임없이 예측한다. 이때 우리의 뇌는 다른 사람들이 모두 단순히 직진할 것이라고만 전제하지 않고 그들 역시 나와 마찬가지로 나름의 계획이나 전략을 가지고 상황을 예측하는 사회적 존재로 간주한다.

이러한 수준에 도달하려면 뇌는 매우 중요하고 어쩌면 가장 기본적인 한 가지 능력을 갖추어야 한다. 그것은 바로 자기 자신과 다른 사람들을 구분할 줄 아는 능력이다. 파울은 자신이 독립적인 인격체이며 다른 사람들도 별개의 독립된 존재라는 사실을 알아야 사회적 맥락 속에서 자신의 존재나 위치를 자각할 수 있다. 여기서 부드러운 사회적 터치가 중요한 역할을 담당한다. 이미 1900년대 초에 찰스 셰링턴 Charles Sherrington 은 부드러운 사회적 터치가 우리 몸의 내부로부터 발생하는 감각에 대해 인식하는 '물질적 자기material self'의 전제라고 설명했다. 현상학의 아버지라 불리는 철학자 에드문트 후설Edmund Husserl 역시 터치와 자기self의 관계에 대해 설명했다. 인간은 피부에 가해지는 압력이나 온기나 냉기 등을 통해 만지고 있는 사물이나 그 사물의 표면온도를 감지하는 데 그치지 않고, 그 대상과의 관계 속에서 자기, 몸으로서 자기self as body 을 발견하게 된다. 우리가 무언가를 따뜻하다 혹은 차갑다고 느끼는 것은 자신의 체온이나 몸의 상태에 달려 있다(피곤할 경우 추위를 더 쉽게 탄다). 우리는 이러한 감각을 통해 지금 자신이 어디에 존재하고 있는지를 파악할 뿐 아니라, 주위의 사물이나 생명체들과 자신이 어떠한 관계에 있는지도 알게 된다. 후설은 외부세계와의 상호작용에서 경험하게 되는 자기 자신에 대한 느낌을 '신체적 자기bodily self-given'라 불렀다.

신체적 자기

어린 파울이 명확하게 구분되는 성장단계를 거치며 자신이 누구인지를 배우는 것은 아니다. '자기self'라는 개념은 매우 다층적이기 때문에 그렇다. 우선 신체적 자기가 존재한다. 파울은 자신의 몸이 한계가 있고, 그 몸이 다양한 자극을 느낄 수 있으며, 또 몸을 통해 주변환경을 인지한다는 사실을 이해해야만 한다. 이러한 신체적 자기에 대한 이해는 이미 엄마의 뱃속에서부터 발달하기 시작하는데, 앞서 설명한 것처럼 배냇솜털과 태아를 감싸고 있는 양수가 이 발달을 가능케 한다. 그러나 이러한 발달은 세상에 태어나는 순간까지 완성되지 않은 상태다. 몸을 통해 감지한 최초의 자극들이 아직은 정확하게 파악되거나 정리되지 않는다. 오랜 동안 전승된 민간상식에 따르면 출생 순간에는 아기가 아직 자신을 엄마와 분리하지 못하고 연결된 존재로 인식한다고 한다. 자신이 독립된 존재라는 사실에 대한 인식은 서서히 자리잡기 시작하는데, 이는 해방감을 주기도 하지만 충격이기도 하다. 생후 8개월 정도부터 나타나는 낯가림은 이러한 발달과정의 한 현상이라 할 수 있다. 아기는 자신이 부모와 분리된 존재임을 이해하기 시작했기 때문에 부모와 떨어질 경우 놀라고 두려워한다. 만 2~3세 사이에 나타나는 1차 반항기 역시 자기 자신과 자율성, 자기 의지를 발견하면서 나타나는 현상이다. 그럼에도 우리가 모두 경험해보았듯이 인간은 대부분 어린 시절 내내 부모 또는 가까운 가족구성원들과 매우 긴밀한 일체감을 느낀다. 사춘기에 접어들면 비로소 철저한 분리가 진행된다. 이러한 정신적 분리는 부모와의 신체적 상호작용에도 반영된다. 영유아기에는 부모와의 신체적 접촉이 매우 중요할 뿐 아니라 자연스럽고 당연하지만 아이가 학교에 다니기 시작하면 스킨십의 횟수와 강도가 점차 줄어든다. 그러다 사춘기에 접어들면 부모와의 신체적 접촉을 강하게 꺼리고 신체적 거리를 두려 하는 경우가 많다.

이와 같은 신체적 자기는 성인이 된 후에도 계속해서 변형될 수 있다. 즉, 새로운 경험과 상황에 맞춰 변한다. 이는 두 사람이 있으면 집에서도 쉽게 따라 할 수 있는 일명 고무손-착각이라는 흥미로운 실험을 통해 확인할 수 있다. 한 사람이 자신의 한쪽 손을 수건으로 덮고 잘 보이는 위치에 고무손을 준비해 놓는다. (고무손이 없다면 고무장갑에 바람을 불어넣고 사용하면 된다.) 이제 다른 사람이 수건으로 가린 상대방의 손가락과 고무손의 손가락을 동시에 쓰다듬는다. 가능한 동일한 방식으로 동시에 실험대상자의 손과 고무손을 쓰다듬는 것이 중요하다. 이때 실험대상자의 뇌는 쓰다듬을 받는 자기 손의 느낌과 다른 사람이 고무손을 쓰다듬는 것을 보는 시각적 자극을 통합한다. 어느 정도 시간이 지나고 나면 (대부분 몇 분 후) 실험대상자는 고무손에 가해지는 쓰다듬기 자극을 마치 자기 손에 가해진 자극으로 느끼는 착각을 하게 된다. 물론 사람마다 경험하는 착각의 정도는 다르다. 어떤 사람들은 전혀 착각에 빠지지 않는가 하면, 어떤 사람들은 수건으로 가린 자신의 손과 손 모양이 아닌 나무토막이나 책상을 동시에 쓰다듬어도 나무토막이나 책상을 자신의 일부처럼 느낀다. 이러한 느낌을 착각이라 부를 수도 있겠지만, 신체적 자기가 몇 분 사이에 새로운 감각적 자극에 적응했다고 볼 수도 있다.

사실 우리는 매일 같이 이러한 착각을 경험하곤 한다. 운전을 많이 하는 사람은 자신이 운전하는 자동차의 외양과 경계에 대해 마치 자기 몸처럼 인식되는 물리적 느낌을 갖게된다. 예술가와 수작업자들은 자신이 사용하는 도구를, 음악가들은 악기를 자기 몸의 일부처럼 여기곤 한다. 또한 인간의 뇌는 의수나 의족 같은 인공장구를 자기 몸의 일부로 인식한다. 반대로 신체의 일부를 상실한 사람들은 환상통증 phantom pain 을 느낀다. 절단되어 없어진 신체부위가 아픈 것같은 느낌을 받는 것이다. 이처럼 우리의 뇌는 신체적 자기를 인식하는 데 있어서 상당히 유연한 듯하다. 그러나 모든 새로운 상황에 아무런 문제 없이 적응하는 것은 아니다.

능동적 자기, 수동적 자기

신체적 자기 외에도 '능동적 자기'(즉, '주체로서의 자기')도 있다. 어린 파울은 이미 신생아 때 외부세계에 존재하는 물건들을 만지고 이동시킬 수 있으며 그 행동들이 어떠한 결과를 수반한다는 사실을 배웠다. 아이들은 생후 2~4개월이 되면 몸의 움직임을 조금씩 통제할 수 있게 되고 모빌에 달린 모형을 미는 등 사물에 초점을 맞춰 몸을 쓸 수 있게 되면서 이러한 인식을 갖게 된다. 동시에 '객체로서의 자기'도 형성된다. 파울은 주위에 있는 사람의 행동이나 사물의 움직임이 자신에게 영향을 준다는 것도 배우게 된다.

자기 자신에 대한 이 두 가지 개념은 서로 긴밀하게 연결되어 있는데 기본적으로 촉각을 통해 형성된다. 파울의 뇌는 팔에서 느껴지는 촉각 자극이 자신이 만든 것인지 아니면 아빠로부터 온 것인지를 구분해야 한다. 이렇게 구분하는 것은 매우 중요하다. 인간은 끊임없이 스스로를 터치하는데 무의식적이거나 특별한 의도나 의미 없이 하는 경우가 많다. 반면 파울의 아빠가 팔을 만졌다면, 파울은 그 터치를 무언가에 주목하라는 아빠의 신호로 인지할 것이다. 아빠가 파울의 팔을 터치하면 특정한 신호가 발생되고, 이 신호는 신경을 통해 척수로 그리고 다시 뇌, 더 구체적으로는 체감각피질에 전달된다. 체감각피질은 터치에 대한 자극을 일차적으로 처리하는 곳이다. 파울이 오른손으로 자신의 왼쪽 팔을 만지는 것이나 아빠가 파울의 왼팔을 만지는 것이나 왼팔에서 감지해 뇌로 전달되는 신호는 같다. 그렇다면 뇌는 이 두 신호를 어떻게 구분할까? 뇌는 자신이 자기 몸을 만지는 터치를 어떻게 인지할까? 신경생물학자들은 이렇게 설명한다. 파울이 자신의 오른손을 움직이면 뇌는 이 움직임이 가져올 결과들을 예측한다(인간이 어떠한 움직임을 할 때 대뇌에서 내려진 명령 즉, 원심성 신호는 중추신경계를 따라 인체의 근육조직에 보내지고 이와 똑같은 신호 즉, 원심성 복사본efference copy 을 소뇌에도 보낸다). 뇌는 오른손이 왼팔을 스치면 그것이 어떤 결과를 가져올지를 예상하는 것이다. 뇌는 오른손이 왼팔을 스쳐 발생할 신호를 이미 예상하고 있었기 때문에 그 자극은 특별한 의미를 갖지 못하는 것이다. 이러한 현상을 '감각 감쇠sensory attenuation'라 부른다. 스스로를 터치할 때의 촉각뿐 아니라 다른 감각에도 이러한 현상이 일어난다.

자신의 행동이 가져올 결과들에 대해 뇌는 끊임없이 예

측을 한다. 누구에게나 일어나는 일이지만, 너무나 자연스럽고 당연해서 우리가 인식하지 못할 뿐이다. 예컨대 우리는 자신의 눈의 움직임을 전혀 인식하지 못한다. 게다가 자신의 목소리는 다른 사람의 목소리를 듣는 것처럼 듣지 못한다. 우리는 자신의 목소리를 주로 반향(울림)이나 스피커로 통해 흘러나오는 소리로 듣는데 이 소리는 매우 낯설게 들린다. 이 현상은 신경생물학적으로도 입증된다. 한 실험에서 실험참가자에게 수동적으로 소리를 듣게 하거나 빛을 보게 할 때에 실험참가자가 동일한 소리나 빛을 스스로 버튼을 눌러 발생하도록 했을 때보다 뇌가 더 강하게 활성화되는 것이 확인되었다. 내가 했던 연구결과들을 통해서도 확인되었다. 다른 사람이 나의 팔을 쓰다듬을 때와 내가 내 몸을 스스로 쓰다듬을 때 쓰다듬는 물리적 자극은 같다 하더라도 뇌의 활성화 정도가 차이를 보인다는 사실을 알 수 있었다.

이러한 예들은 파울의 뇌가 생후 첫 몇 년간 얼마나 많은 것들을 습득해야 하는지를 보여준다. 우선 자신이 주변환경에 영향을 미치고 환경을 변화시킬 수 있는 동시에 주변 환경과 사람들의 활동이 자신에게 감각적 자극을 준다는 사실을 이해하고 배워야 한다. 또한 자기 자신의 움직임과 그로 인한 신체적 인식 사이의 관계를 파악할 수 있어야 한다. 이것은 하루아침에 배울 수 있는 일은 아니다. 영유아기의 뇌는 자신의 행동과 그것이 가져올 결과에 대한 예측을 끊임없이 수정해야 한다. 이는 어린아이나 청소년이 짧은 시간에 키가 쑥 큰 후 갑자기 여기저기 부딪히는 현상을 통해서도 확인된다. 뇌는 기존에 했던 행동과 그 결과에 대한 예측을 급격히 자란 새로운 키에 맞게 수정해야 하고 변화에 맞춰 새롭게 습득해야 한다.

사회적 자기

정상적인 사회성을 갖기 위해서는 복잡한 사회적 자기social self도 발달되어야 한다. 파울은 다른 사람들이 자신과 마찬가지로 의도와 생각과 감정을 가지고 있다는 사실을 이해해야 한다. 이러한 유형의 자기개념이 어쩌면 가장 중요하면서도 가장 복잡할 수 있다. 우리는 자신이 누구인지를 주로 다른 사람들과의 관계나 비교를 통해 정의한다. 이러한 자기개념의 발달은 사람과 사람 사이의 소통과 접촉 그리고 그것들의 결핍과 긴밀하게 연결되어 있다. 소통과 접촉이 결핍될 경우 타격을 입기도 한다. 신생아는 신체적 욕구를 느끼며 엄마나 아빠 곁에 있고 싶어 한다. 안아주기를 바라지만 누가 안아주는지도 매우 중요하다. 터치의 맥락, 여기에서는 스킨십을 제공하는 사람이 누구인지가 아이가 그 터치를 어떻게 받아들이는지에 영향을 미친다. 적당한 체온의 손이 적당한 속도로 쓰다듬는다고 해서 무조건 안정감과 만족감을 주는 것은 아니다. 같은 방식으로 쓰다듬는다고 해도 쓰다듬어주는 사람이 아기가 기대했던 엄마가 아닌 경우 스킨십은 불편해질 수 있다. 쓰다듬기와 같은 긍정적인 촉각 자극을 인지하고 처리하는 데 있어서 이와 같은 조정modulation은 뒤에서도 살펴보겠지만 성인이 된 후에도 계속된다. 결국 사회적 자기는 매우 복잡한 발달과정을 거쳐 형성된다.

생후 1년이 되면 아이들은 공동 관심shared attention을 연습하게 된다. 쉽게 말해 아이는 다른 사람의 눈을 바라보며 그 사람의 시선을 따라 그 사람이 바라보는 물체를 바라볼 수 있게 된다. 만 1세 반에서 2세 사이의 아이들은 거울 속 모습이 자기의 실제 모습을 반영reflection 한다는 사실을 인식하게 된다. 그리고 거울 속 자기 모습에 대한 예상과 기대를 갖게 된다. 붉은 점 테스트red dot test라는 실험을 통해 확인된 사실이다. 한 살 반이 조금 지난 아이의 얼굴에 붉은 점을 찍은 다음 거울을 보여주면 아이는 거울에 비친 붉은 점이 아니라 자기 얼굴을 문질러 점을 지우려 한다. 만 2세가 된 아이들의 행동을 관찰하면 수치심, 죄책감, 당혹감 같은 감정을 느끼는 것을 확인할 수 있다. 이는 다른 사람들이 자신을 어떻게 생각하는지 신경 쓰고 걱정한다는 것을 보여준다. 이 시기가 지나면 자기주장이 강해지고 자기의지를 발견하게 되는 반항기defiance phase가 이어진다.

사회적 상황에 맞게 적절한 대응을 하기 위해 아이가 배워야 할 매우 중요한 또 다른 기술은 다른 사람의 감정 상태를 파악하는 법이다. 이를 위해서는 다른 사람도 감정이 있다는 사실을 먼저 이해해야 한다. 아이가 세상에 태어난 날부터 부모는 터치를 통해 자신의 감정을 아이에게 전달하고 아이는 같은 감정을 느끼게 된다.

일상에서 소통은 항상 모든 감각 자극을 통합해 이뤄진다. 우리는 말뿐 아니라 아주 다양한 소통의 채널을 통해 다른 사람과 감정을 나눈다. 다른 사람의 이야기를 들을 때면 상대방이 이야기하는 내용뿐 아니라 말소리의 높낮이 등도 함께 파악한다. 표정이나 제스처도 관찰한다. 여기에 종종 신체적 터치까지 더해진다. 터치는 감정을 전달하는 데 얼마나 기여할까? 이 질문에 대한 답을 찾기 위해 흥미로운 실험이 진행되었는데 전혀 모르는 사이의 두 사람이 각자의 감정을 오로지 손과 팔의 신체적 터치를 통해서만 전달할 수 있었다. 실험에 참가한 두 사람은 서로를 볼 수도 없고 이야기를 나눠서도 안 되었다. 한 사람은 특정 감정을 전달하는 '발신자'였고, 다른 사람은 상대방의 감정을 알아맞춰야 했다. 실험 결과는 예상보다 훨씬 성공적이었다. 특히 분노, 두려움, 혐오, 사랑, 감사 그리고 공감 같은 몇몇 감정들은 정확하게 잘 전달되었다. 질투, 자부심, 행복, 놀라움, 수치심, 슬픔 같은 감정들은 수신자가 인식하는 데 어려움이 있었다. 적어도 일부 감정은 간단한 터치만으로도 다른 사람에게 충분히 잘 전달할 수 있다는 사실이 확인된 것이다(이 실험에서는 감정의 발신자가 상대방의 손과 팔만 만질 수 있었다). 복합적인 감정이라고 해서 터치를 통해 전달하는 것이 불가능한 것은 아니다. 온몸을 사용할 경우에는 전달 가능성이 훨씬 커진다. 물론 이 경우 터치 외 다른 감각들도 함께 작용하게 된다.

다른 사람에게도 생각, 감정, 소망 그리고 계획이 있다는 것을 어린 파울은 어떻게 배울 수 있을까? 파울은 형인 톰이 보고 있는 책을 뺏는다. 그러면 톰은 울음을 터뜨리는데, 그러면 책을 빼앗은 파울도 형을 따라 같이 울기 시작한다. 아빠가 파울에게 왜 우는지 물으면 파울은 톰을 가리키며 "형이 우니까"라고 답한다. 혹시 야단을 맞는 게 두려워 우는 것일까? 아니면 형의 큰 울음소리가 불편해서 우는 것일까? 그것도 아니면 형이 슬퍼하니까 자기도 같이 우는 것일까? 자신이 우는 이유는 아마 파울 자신도 잘 모를 것이다. 사실 어린 파울은 자신의 감정과 형의 감정을 정확하게 구분하지 못한다. 어린아이는 주변 환경 그리고 특히 자신을 사랑해주는 가족들과 자기 자신을 잘 분리하지 못하며 이는 아이의 감정에도 그대로 반영된다. 이는 공감을 배우는 가장 좋은 조건이다. 공감능력은 다른 사람의 감정에 자신을 이입하고 이를 통해 상대의 심정이 어떤지 느끼는 것이다. 이 능력은 인간의 진화 과정에서 처음에는 신체적인 감각에 대한 이해하는 것부터 시작되어 보다 복잡하고 모호한 감정과 기분에 대해 이해하는 것으로 확대되었을 것이다. 아이의 공감능력도 비슷한 과정을 거쳐 발달할 것이다.

공감능력은 진화적으로 봤을 때 집단생활을 하는 동물

에게 유익한 능력이다. 공감능력은 복잡한 방식의 소통을 대체해 다가오는 위험에 더 빠르게 대응할 수 있게 하기 때문이다. 예를 들어 한 야생마가 숨어 있는 맹수를 발견하고 놀란다면 무리의 다른 말들도 '함께 깜짝 놀라'면서 무리 전체가 맹수의 공격을 피할 수 있게 된다. 만약 맹수를 발견한 야생마가 복잡한 방식으로 그 사실을 전달해야 한다면 위험에 빠르게 대처하기 어려울 것이다. 물론 이러한 야생마들의 행동이 보여주는 공감능력은 극도로 복잡한 인간의 공감능력에 비하면 매우 단순하지만, 동물 무리의 행동을 통해 인간의 공감능력 기원과 발달 이유를 발견할 수 있을 것이다.

복잡한 세계에 효율적으로 대응하려면 어린 파울은 감정적 균형을 유지하는 법도 배워야 한다. 적당한 수준의 공감은 바람직하며 배려심 깊고 따뜻한 사람으로 성장케 해준다. 그러나 지나칠 경우 오히려 역효과가 날 수 있다. 다른 아이가 다칠 때마다 파울이 지나치게 고통스럽다면 정작 다친 아이를 위로할 여력이 없을 것이다. 다른 사람의 불행에 늘 너무 고통스러워하는 사람은 그를 도와주기보다 그러한 상황을 피하려 할 것이다. 따라서 적당한 수준의 감정적 거리도 필요하다.

어린아이들은 다른 사람이 다쳤을 때 자신이 취해야 할 적절한 행동을 금방 배운다. 아이들은 넘어진 친구를 쓰다듬고 안아주며 "괜찮아?"라고 묻는다. 터치는 다른 사람의 공감을 느끼기 위해서도 중요하지만, 무엇보다 그 공감을 표현하기 위해서도 중요하다. 아이들은 친구를 위로하는 방법을 터득하고 나면 일종의 안도감을 보인다. 다른 아이가 울 때 어떻게 반응해야 할지 이제는 알기 때문이다. 어떤 아이들은 다른 아이를 쓰다듬고 안아주기를 그치지 못해서 위로를 받던 아이가 오히려 괴로워하기도 한다. 이를 통해 우리는 이러한 상호작용이 위로를 받는 쪽만 아니라 위로하는 쪽에도 유익하다는 것을 확인할 수 있다. 어른들에게서도 흔히 확인할 수 있다. 우리는 수동적으로 어떤 상황을 지켜보기만 할 때보다 적극적으로 나서서 도움을 줄 때 훨씬 더 큰 만족감을 느끼지만 버스에서 울고 있는 누군가를 볼 때 즉시 달려가 그 사람을 안아주며 위로하지 않는 것은 문화적인 규칙들 때문이다. 이와 관련해서는 뒤에서 자세하게 이야기할 것이다.

다시 파울에게로 돌아가 보면 파울은 터치를 통해서 공감뿐 아니라 적절한 태도나 행동 양식도 배우게 된다. 엄마가 거미를 보고 놀라면 파울 역시 놀란다. 이를 위해 연극배우처럼 과장되게 놀라거나 소리를 지를 필요는 없다. 엄마의 무릎에 앉아 있던 파울은 큰 거미가 기어 오는 것을 보자 엄마의 몸이 긴장하거나 움츠러드는 것을 느끼면서 엄마가 느끼는 감정을 함께 느끼게 된다. 일명 사회적 전염social infection 이 일어나는 것인데, 이는 아이들 무리에서도 발견된다. 나는 거미를 무서워하지 않았지만, 친구들이 거미를 발견하고 소리를 지르며 도망을 가면 나도 따라 소리를 지르며 거미를 피했던 기억이 난다. "친구들과 함께 놀기 위해서는 친구들이 하는 것처럼 행동하고 반응해야 한다."는 식의 계산된 행동은 결코 아니었다. 내가 거미를 보며 도망갔던 것은 다른 아이들이 느낀 두려움을 나도 느꼈기 때문이었다. 전에는 거미를 전혀 무서워하지 않았지만 갑자기 심박수가 빨라지고 도망치고 싶은 생각이 들었던 것이었다. 두려움이 전염되었던 것이다.

이러한 현상을 '또래 압력peer pressure'이라는 부정적인 표현으로 폄하하기도 한다. 그러나 사회적 전염성은 무리생활을 하는 동물에게는 매우 유리한 메커니즘이다. 앞에서 소개한 야생마의 사례처럼 이러한 집단행동은 어떠한 상황이 위험할 수 있는지를 어린아이들이 가장 빠르고 간단하게 배울 수 있는 방법이다. 이는 진화적으로 봤을 때 중요한 메커니즘으로 오늘날과 같이 발달한 사회에서도 생존을 위해서 여전히 중요하다. 거미에 대한 두려움은 굳이 배울 필요가 없지만, 파울이 차가 많은 도로 옆에서 뛰려고 할 때 엄마가 손을 꽉 붙잡고 갑자기 빠르게 심호흡을 하면 파울은 달리는 자동차를 무서워하게 된다. 엄마의 반응은 너무나 자연스럽고 본능적이어서 파울은 별다른 설명을 해주지 않아도 그 상황을 이해하게 된다. 엄마의 터치만으로도 충분한 것이다. 엄마의 터치와 어린아이의 태도 사이의 상호작용은 실험을 통해서도 입증된다. 실험에서는 만 1세 된 아이에게 익숙한 물건들을 보여주었다. 아이는 엄마의 무릎 위에 앉아 있었는데, 엄마는 물건을 보여줄 때 두 가지 상반된 반응을 보였다. 아이를 꽉 붙잡으면서 거칠게 숨을 쉬거나 반대로 아이를 붙잡고 있던 손의 힘을 빼고 편안하게 숨을 쉬었다. 아이가 특정 물건을 잡을 때 엄마가 전자처럼 반응함으로써 놀람이나 위험을 표현한 경우, 아이는 그 물건을 가지고 노는 것에 대해 망설이며 소극적인 태도를 보였다. 반면 엄마가 편안한 반응을 보인 물건의 경우 아이는 적극적으로 가지고 놀았다.

어린아이에게 다른 사람의 터치는 정상적인 발달을 위

해 중요한 요인으로 작용하며 자기 자신과 주변 사람들에 대해 알아갈 기회를 제공한다. 또 부모의 입장에서는 자녀와 보다 적극적으로 터치를 해야 할 다른 이유가 있다. 긍정적인 터치를 많이 경험한 아이들 즉, 부모가 많이 쓰다듬고 안아준 아이들은 덜 운다. 참고로 간지럽히기와 콕콕 누르는 자극은 그러한 효과가 없다. 반드시 부드러운 터치여야 한다. 예방주사를 맞는 등 소아과에서 불편한 상황을 겪어야 할 때 아이를 안아주면 아이는 스트레스를 덜 받고 통증도 덜 느끼게 된다. 스킨십이 이러한 상황에서 도움이 된다는 사실은 아이의 심박수와 울음의 정도를 통해서도 확인되었다. 그러니 자녀를 둔 부모라면 아이들을 더 많이 안아주자!

일상 속 터치

@Matthew Henry

레옹은 카페에서 커피를 마시며 책을 읽고 있다. 카페 직원은 더 필요한 것이 있는지 확인하려고 레옹에 다가간다. 책에 푹 빠져 있는 레옹에게 말을 걸면 레옹을 놀래키고 방해하는 것 같아서 조용히 다가가 부드럽게 어깨를 두드린다. 레옹이 눈길을 돌리자 카페 직원은 더 필요한 것이 있는지 조용히 묻는다. 레옹은 필요한 것이 없다며 고맙다고 한 후다시 책으로 눈길을 돌린다. 레옹과 직원 그리고 카페에 있는 사람들에게는 모두 특별할 것 없는 평범한 상황이다. 우리는 일상에서 주고받는 가벼운 터치에 특별히 주목하지 않기 때문에 단 몇 초만 지나면 터치가 있었다는 사실조차 잊게 된다. 책을 읽던 레옹은 손을 들어 커피값을 계산하겠다고 카페 직원에게 신호를 보낸다. (독일에서는 대부분의 식당, 카페에서 계산은 앉은 자리에서 한다-옮긴이) 직원은 계산서를 가져오고 레옹은 커피값에 팁까지 넉넉히 지불한다. 레옹은 넉넉하게 팁을 주어야 할 만큼 카페 직원에게 좋은 서비스를 받았다고 느꼈기 때문이다.

미다스 효과

레옹은 카페 직원이 어깨를 살짝 터치한 것이 팁을 넉넉하게 주는 데 결정적인 역할을 했다는 생각은 전혀 못 했을 것이다. 그는 카페 직원과 거의 무의식적으로 상호작용을 했을 것이고 그 종업원의 터치가 자신의 행동에 어떤 영향을 미쳤다고는 전혀 인식하지 못했다. 그러나 이처럼 사소하고 눈에 띄지 않는 터치가 이후의 행동에 영향을 준다는 것은 명백한 사실이다. 심리학계에서는 이러한 현상에 별도의 이름을 부여하기도 했다. 바로 미다스 효과midas effect다. 미다스는 그리스 신화에 등장하는 욕심이 많은 왕으로 자신이 만지는 모든 물건이 금으로 되게 해달라는 소원을 가지고 있었다. 어느 날 신이 이 소원을 이루어주었는데 미다스 왕은 자신의 손이 닿기만 하면 모든 것이 금으로 변해 아무것도 먹지도 마시지도 못하게 되고 다른 사람들을 만지지도 못하게 되었다. 결국 왕은 이 특별한 재능이자 저주에서 벗어난다. 카페 직원에게는 터치가 저주가 아니라 팁을 더 많이 받을 수 있게 해주는 방법이었다.

레옹의 사례에서 배운 내용에 관한 실험은 이미 1970년대에 이루어졌다. 연구 결과 식당이나 카페 종업원이 가볍게 손님의 어깨나 손을 터치할 경우 손님이 지급하는 팁의 금액이 평균적으로 25% 높아진다는 사실이 확인되었다. 손님의 성별에 따른 차이도 없었다. 물론 이 연구는 미국에서 실시된 실험 즉, 미국에서 사회화된 실험참여자들을 대상으로 한 것이라는 점은 유의해야 한다. 다시 말해 이 연구의 결과가 다른 문화권에서는 동일하게 적용되지 않을 수 있다. 성별이나 문화권에 따른 차이에 대해서는 뒤에서 자세히 살펴볼 것이다.

종업원과 손님 사이의 터치는 팁 액수에 영향을 주는 데만 그치지 않는다. 다른 연구에서는 종업원이 손님에게 메뉴를 추천하면서 가볍게 터치를 하였다. 그 결과 터치 없이 메뉴를 추천했을 때에 비해 추천 메뉴를 선택하는 빈도가 현저히 높아졌다. 이때도 남녀의 차이는 나타나지 않았다. 이러한 터치의 효과는 식당이나 카페에서 일하는 종업원들에게만 유리하게 작용하는 것은 아니다. 신체적 접촉은 다른 상황에서도 동의, 동조 또는 규칙의 준수 등을 촉진하는 효과가 있다. 청원서에 서명하거나 설문에 참여해 달라고 요청할 때 상대방의 팔을 살짝 건드리면 요청에 응할 확률이 높아진다. 다른 일상적인 상황에서도 도움을 요청할 때 부드러운 터치는 도움이 된다. 길거리에서 지나가는 사람들에게 잠시 약국에 들러야 해서 덩치가 크고 사나워 보이는 개를 봐달라고 요청하는 실험이 진행되었는데 요청할 때 상대방의 팔을 터치하면 그렇지 않을 때보다 요청에 더 쉽게 응했다.

우리는 왜 상대방이 나를 터치할 때 요청에 더 잘 응하게 될까? 친근한 터치는 일종의 감정적 유대감을 갖게 하는 것으로 보인다. 다른 사람과 대화를 나눌 때 가볍게 스킨십을 하는 사람은 마음이 따뜻하다는 호감을 주어 도와주고 싶다는 생각이 들게끔 한다는 것이다. 다른 해석도 있다. 어떤 사람들은 이러한 현상을 사회적 지위 관계를 바탕으로 설명한다. 사회적, 경제적 지위가 높은 사람일수록 다른 사람을 더 자주 터치하고, 반대로 사회적, 경제적 위상이 낮은 경우 그렇지 않은 경향이 있음이 연구로 확인되었다. 그래서 터치를 하면서 도움을 요청하면 지위가 높은 사람의 느낌을 주기 때문에 상대방은 요청을 수락하고 도와주게 될 확률이 높아진다는 것이다. 사회적 지위와 터치의 관계에 대해서도 뒤에서 보다 자세하게 살펴볼 것이다.

신경생물학 분야의 연구들에 따르면 친절한 터치는 뇌의 보상자극을 처리하는 부위를 활성화한다. 쉽게 말해 터치는 스킨십을 받은 사람에게 직접적인 보상 효과를 불러일으키기 때문에, 만족스럽고 편안한 느낌을 준다. 이러한 감정 상태는 이후의 모든 태도와 행동에 영향을 미치게 된다. 터치가 보상으로 인식되면, 터치와 연관된 모든 태도나 행동이 강화된다. 이것이 바로 조건화다. 명령한 대로 강아지가 할 경우 이에 대한 보상으로 먹을 것을 주는 것과 같은 이치다.

그러나 이 이론만으로 레옹이 카페 종업원에게 넉넉하게 팁을 준 이유를 설명하기에는 부족하다. 사람과 사람 간의 상호작용은 강아지에게 "앉아!"라고 명령을 하는 것보다 훨씬 복잡하고 복합적이기 때문이다. 레옹이 종업원과의 상호작용을 기분 좋게 받아들이고 터치로 인해 종업원을 보다 친절하고 호감 가는 사람으로 평가했다면, 레옹은 종업원을 기분 좋게 해주고 싶었을 것이다. 물론 레옹은 이처럼 구체적으로 따져보지 않았을 것이고, 따져보았다 하더라도 아마도 "정말 친절한 종업원이군. 팁을 좀 더 줘야겠어." 정도의 생각을 했을 것이다. 무슨 이유로 종업원이 친절하게 느껴지는지는 잘 모를 것이다. 레옹에게 종업원을 친절하게 평가하는 이유를 묻거나 특별히 기억에 남는 상호작용의 순간이 있었냐고 묻는다 하더라도 레옹은 종업원의 가벼운 터치를 기억해내지 못할 것이다.

터치는 왜 기분 좋게 느껴질까?

질문을 좀 더 해보자. 무엇 때문에 터치는 기분 좋은 자극으로 느껴지고 뇌 속 보상을 처리하는 부분들이 활성화될까? 질문에 대한 답을 찾기 위해서는 사람과 사람 사이에서 일어나는 스킨십의 다양한 특징들을 자세히 살펴볼 필요가 있다. 먼저 따뜻하다는 특징이 있다. 대부분의 경우 신체적 접촉이 일어나면 쓰다듬기에 반응하는 C-촉각 섬유만 활성화되는 것이 아니라, 온기나 열을 감지하는 피부 상의 수용체들도 활성화된다. 따뜻함은 그 자체로 감정과 기분에 영향을 미친다. 따뜻함은 편안함과 안정감을 느끼게 해주며 세로토닌serotonin의 분비를 촉진한다. 신경전달물질인 세로토닌은 마음이나 기분 상태를 조절한다. 효과가 좋은 우울증치료제로 '세로토닌 재흡수 억제제SSRI'가 있다. 이름만 봐도 알 수 있듯이 이 약은 분비된 세로토닌이 재흡수 되는 것은 막는 효과가 있다. 이 약을 먹으면 세로토닌이 신경세포 사이를 더 오랫동안 이동하며 더 오랜 시간 또는 더 자주 세로토닌 수용체와 결합하게 된다. 그렇게 되면 이 수용체들이 세포에 특정 작용을 일으키고 기분이 좋아지게 된다.

흥미롭게도 따뜻하다는 표현은 감성적인 면을 설명하는 데 쓰이기도 한다. 어떤 사람을 '따뜻한' 사람이라고 하면 그것은 체온에 대한 설명이 아니라 성품이나 태도에 대한 비유적 설명이다. '따뜻한' 사람은 진솔하고 마음이 열려 있으며 사랑스럽고 호감을 주고 친절하다는 의미가 있다. 심리학에서는 온도와 사람이 느끼는 감정 사이의 관련성을 실험을 통해 확인하려 했다. 실험참가자들은 차갑거나 혹은 뜨거운 음료수를 손에 들고 어떤 사람에 대한 설명을 듣고 그 사람에 대해 평가해야 했다. 따듯한 음료수를 들고 있었던 사람들은 그 사람에 대해 '따듯한' 사람이라고 평가하는 경향을 보였다. 이에 대해 실험참가자들이 들고 있던 따듯한 음료수가 '따듯한'이라는 표현을 연상시켜서 그 결과 '차가운'부터 '따듯한'까지의 평가 범주에서 주로 '따듯한'을 선택하는 경향이 나타났을 뿐이라는 식의 비판도 가능하다. 이 실험에서는 한 가지를 더 조사하였는데, 그 결과에 대해서는 반론이 덜하다. 실험참가자들은 난방 패드heat pad나 쿨 패드cool pad 중 하나를 선택해 제품을 평가했다. 평가를 마친 후 실험참가자들은 감사의 뜻으로 준비된 선물 두 가지 중 하나를 고를 수 있었다. 하나는 '친구를 위한 선물', 다른 하나는 '자신을 위한 선물'이라고 설명을 했다. 난방 패드를 평가한 사람들은 주로 '친구를 위한 선물'을 선택하였고, 쿨 패드를 평가한 사람들은 반대로 '자신을 위한 선물'을 선택하는 현상을 보였다. 이 실험의 연구자들은 이것이 실험참가자들이 느낀 물리적 따듯함이 사람과 사람 사이의 감정적 '따듯함'을 촉진하는 증거라고 설명했다. 가능한 이야기다. 이 실험 결과에 대해 다른 설명도 가능하다. 쿨 패드의 질감이 난방 패드에 비해 덜 포근해서 실험참가자들은 실험이 끝난 후 자신이 보상 받을 자격이 있다고 생각해서 '자신을 위한 선물'을 선택했다고 설명할 수도 있다.

또 다른 실험에서는 스스로 외롭다고 생각하는 사람들은 더 따듯한 물로 더 오랜 시간 샤워를 하는 경향이 있는 것으로 확인되었다. 학자들은 이것을 일종의 자기조절 메커니즘으로 해석한다. 대인 관계에서 온기를 충분히 경험하지 못한 사람은 물리적 따듯함을 통해 그 결핍을 채우려고 한다는 것이다. 그런데 이 설명을 무조건 받아들이는 것은 위험하다. 다른 연구자들이 다른 실험참가자 집단을 대상으로 한 실험에서 동일한 결과를 도출해내지 못했기 때문이다. 따라서 처음 실험 결과는 어쩌면 우연한 것일지도 모른다.

이 실험 결과가 우연이 아니라고 가정한다면 다음과 같은 가설을 세울 수도 있다. 기온이 높은 지역에 사는 사람들은 기온이 낮은 북부 지역 사람들보다 물리적 온기에 더 많이 노출되어 있기 때문에 '더 따듯한' 사람들이라는 가설을 세울 수 있지만 억지처럼 들린다. 그러나 의외로 이러한 가설이나 논리를 뒷받침해주는 조사결과들이 존재한다. 한 실험에서는 사람들에게 자신이 주변 사람들과 얼마나 가까운 사이인지, 그들과 얼마나 유대감이 강한지를 물었다. 온도가 높은 방에서 질문을 받고 대답을 한 사람은 온도가 낮은 방에서 대답을 한 사람들에 비해 주변 사람들과 훨씬 더 가깝다고 했다.

사람과 사람 사이에서 느끼는 따듯함과 물리적 온도 사이에 반대 방향으로도 관련성이 존재하는 것으로 보인다. 한 실험에서 가상의 공놀이에 실험자들을 참여시켰다. 화면에 세 아바타가 서로 공을 던지는 모습이 보인다. 실험참여자는 아바타 중 하나를 조종하게 된다. 연구자들은 나머지 두 아바타 역시 다른 실험참가자들이 조종한다고 설명했지만 사실은 하나의 아바타만 사람의 조종을 받았다. 실험이 시작되면 세 아바타가 함께 공을 주고받다가 시간이 지나면서 컴퓨터가 조종하는 두 아바타가 실험참가자가 조종하는 아바타를 따돌리면서 그 아바타에게 공을 잡을 기회를 주지 않았다. 그러자 두 사람에게 따돌림을 당한다고 생각한 실험참가자의 실제 체온이 낮아졌다!

실제 온기와 사람 사이의 따듯한 관계가 연관되어 있다는 사실을 입증하는 실험 결과들은 많이 존재한다. 진화 과정에서 체온조절을 목적으로 스킨십을 했기 때문에 인간이 스킨십을 선호한다고 주장하는 학자들도 있다. 심지어 인간의 모든 사회적 행위가 집단생활에서 서로의 체온을 유지시켜주기 위한 행동으로부터 시작된 것이라고까지 주장하는 사람들도 있다. 신체적 접촉은 외부로의 열 손실을 막아주므로 에너지 절약 효과가 있다. 실제로 다수의 포유류가 집단생활을 하며 펭귄처럼 서로 간의 물리적 거리를 최소화함으로써 독립적으로 생활할 때보다 에너지를 절약한다. 오늘날 인간은 보온효과가 좋은 의복과 난방설비를 갖추고 있기 때문에 펭귄 같은 체온조절 방식에 의존하지 않게 되었다. 그러나 석기시대나 빙하시대에 살던 우리의 조상들은 서로에게 의지하며 체온을 유지해야만 했다. 우리는 외부 기온이 변하더라도 체온이 변하지 않는 '항온동물'이기 때문에 일정한 체온을 유지하는 데는 많은 양의 에너지를 필요로 한다. 1장에서 살펴본 바와 같이, 사람 사이의 신체적 접촉으로 체온이 유지될 수 있다는 사실을 뒷받침해 주는 증거들이 존재한다. 엄마와의 피부접촉을 통해 신생아의 체온이 장시간 안정적으로 유지된다는 사실이 가장 좋은 예다. 터치의 기원이 체온 유지를 위한 행위라고 주장하는 학자들은 더 나아가 인간이 에너지 손실을 최소화하며 체온을 유지하는 능력이 있었기 때문에 에너지 소모가 많은 큰 뇌를 가질 수 있게 되었다고 설명한다. 그러면서 쥐가 소규모 집단을 형성할 때보다 큰 무리로 집단생활을 할 때에 갈색지방조직brown fat을 덜 생산한다는 사실을 근거로 제시한다. 갈색지방조직은 체온유지에 도움이 되지만 생성하는 데 많은 에너지가 필요하다. 무리가 크면 무리에 속한 쥐들의 체온이 유지되어 갈색 지방을 덜 생산하고 그 만큼 더 많은 에너지를 인지능력 발달에 사용할 수 있게 된다. 1장에서 우리는 인간의 신생아에게서도 이와 같은 상관관계를 발견했다. 신생아 시절 신체적 접촉을 자주 경험하고 체온 유지를 위해 에너지를 덜 소모했던 아이들은 10년 후 비교집단의 아이들에 비해 인지능력이 더 우수하다는 사실을 관찰했다.

측정가능한 물리적인 열과 인간이 느끼는 온기 사이의 관계를 다루는 철학적 텍스트들도 존재한다. 이러한 철학적 텍스트들은 조금 다른 식의 해석을 내놓고 있다. 자연과학적 접근에서는 다양한 감각들을 명확하게 구분하며, '따뜻한' 그리고 '차가운' 같은 상태의 특징은 온도감각으로 파악하고, '밝은' 또는 '어두운' 같은 특징을 시감각으로 정의한다. 흥미로운 것은 '밝은bright'라는 개념이 고대 독일어에서는 음색을 나타내는 데에만 쓰이다가 오랜 시간이 지난 뒤에야 시각적 특징을 표현하는 데 사용되기 시작했다는 점이다. 오늘날 독일어에서 '밝다'라는 표현은 밝기의 정도("실내가 밝다")와 높고 청명한 음색("그녀는 목소리가 밝다")을 나타내는 데 동시에 사용된다. 마찬가지로 온기를 나타내는 '따뜻한warm'이라는 표현도 측정 가능한 온도("햇살이 따뜻하다")뿐 아니라 사람의 특성("그녀는 따뜻하고 친절한 사람이다" 또는 "그는 마음이 따뜻하다")을 표현할 때나 분위기를 묘사할 때('따뜻한 환대' 또는 '따뜻한 빨강색') 쓰인다. 철학자인 나의 아버지 게르노트 뵈메Gernot Böhme는 **따뜻한, 차가운, 밝은, 어두운, 빛나는, 거친** 등과 같은 개념들이 다양한 감각의 인지를 설명하기 위한 비유뿐만 아니라, 모든 감각을 통해 인지한 종합적인 느낌이나 분위기를 기술하는 데 쓰인다고 설명한다. 어떤 공간에 들어갔을 때 우리는 '따뜻하다'고 느낄 때가 있다. 이때 우리는 왜 그런 느낌을 받는지 의식하지 못한다. 누군가가 왜 그렇게 느끼냐고 묻는다면 인테리어가 편안한 느낌을 주어서라고 대답할지도 모른다. 또는 벽 색깔이 안정감을 주거나 벽난로로부터 전해지는 따뜻한 기운 때문일 수도 있다. 친절한 미소를 지으며 환영해주는 그 공간 안의 사람들 때문일 수도 있다. 다시 말해 따듯한 분위기를 만들어주는 모든 요소를 '따듯하다'고 표현한다. 이러한 관점에서 보면 앞서 설명한 여러 실험을 새롭게 해석해볼 수 있다. 난방이 잘 된 방은 실험참가자들에게 '따듯한 분위기'를 느끼게 해주고 방 안의 다른 사람에 대해서도 따듯한 마음, 유대감 등을 느끼게 해줄 수 있다.

물론 이러한 연관관계를 우리는 언어를 통해서 익히는 것뿐이라고 할 수도 있다. 누군가를 '따듯한' 사람으로 생각하는 이유는 우리가 '따듯한'이라는 단어를 사람의 특징을 묘사하는 단어로 학습했기 때문이라는 것이다. 그러나 이에 대해서는 공감각synesthesia 능력을 갖춘 사람들 즉, 두 감각이 긴밀하게 연결되어 있어 하나의 감각을 느낄 때 다른 감각도 동시에 느끼는 사람들의 경험을 토대로 반증할 수 있다. 공감각자들은 음악을 들을 때 색깔이 보인다고 한다(뒤에서 좀 더 자세하게 살펴보도록 하겠다). 여러 감각을 동시에 인지하는 '공감각'은 어린이와 청소년에게서 많이 나타나다가 성인이 되면서 서서히 사라진다. 따듯한 음과 따듯한 색깔 사이의 연결이 '따듯한'이라는 표현을 학습해서 생겨난 것이라면 그 연결이 나이가 들수록 더 강화되어야지 약화되거나 사라져서는 안 될 것이다. 사람이 느끼는 따듯함이 반드시 외부로부터 전해진 온기 때문이 아니라, 자극이 있던 없던 '내부'로부터 느껴질 수도 있다는 점은 흥미롭다. 누군가가 나에게 특별히 잘해주면 '마음이 따듯해'지기도 한다. 또한 우리는 자율 훈련autogenic training* 등을 통해 자신의 신체 내부로부터 따듯한 느낌을 발생시킬 수도 있다.

레옹이 카페 종업원의 터치를 무의식적으로 기분 좋게 느낀 이유에 대해 다시 생각해보자. 종업원이 어깨를 터치할 때 느낀 따듯함은 레옹에게 긍정적인 자극이 되었다. 그것이 학습된 연상작용 때문인지 아니면 감각 간의 실질적인 연계 때문인지는 몰라도, 레옹은 종업원을 친절하고 호감 가는 '따듯한' 사람으로 인식하였다. 터치를 기분 좋게 느끼는 데는 온기 외에도 또 다른 측면의 영향을 받는다. 바로 압력이다. 사람은 부드럽게 누르는 느낌을 기분 좋게 느낀다. 그렇기 때문에 많은 사람이 마사지를 즐기고 우리는 두꺼운 이

---

* 자율긴장이완법이라고도 한다. 독일의 정신과 의사 슐츠(J.H.Schultz)가 1932년 소개한 정신훈련 방법으로, 일종의 자기최면을 통해 심신을 이완시켜 스트레스를 완화하는 방법이다.

불을 덮었을 때도 편안함과 안정감을 느낀다. 지압은 자폐성
장애나 불안장애를 치료하는 효과적인 방법이다. 어느 정도
의 압박을 편안하게 느끼는 이유는 아직 명백하게 밝혀지지
않았다. 그러나 온기에 대한 선호와 마찬가지로 압박을 좋아
하는 경향 역시 우리 조상들의 생존전략에서부터 시작되었
다고 추정된다. 석기시대에는 취침 시 같은 무리에 속한 구
성원들이 신체적 접촉을 통해 서로의 존재를 확인할 수 있어
야 편안하게 잠을 잘 수 있었다. 인류의 역사를 거슬러 올라
가 보면 우리가 어느 정도의 물리적 압박에서 안정감을 느끼
는 이유는 그것이 나의 곁에 다른 사람이 존재한다는 사실을
확인시켜주는 증거였기 때문이다. 다른 해석도 있다. 엄마 뱃
속에 있을 때 사방으로부터 전해졌던 압박에 대한 기억이 안
정감을 주는 것일지도 모른다는 해석이다. 물론 태어나기 전
자궁 속에서의 시간을 기억하는 사람은 없다. 그러나 또렷한
인식적 기억이 아니라, 일종의 몸의 기억이라고 할 수 있지
않을까?

　생물학적 이유에서든 진화적 이유에서든 인간은 부드
러운 압박과 온기 그리고 부드러운 쓰다듬기 즉, 사람 사이
의 신체적 접촉을 선호하는 것만큼은 확실하다. 누구나 스킨

십이 주는 행복감을 경험해보았을 것이다. 벽난로 앞 소파에 누워 따뜻한 이불을 덮고 있는 모습은 누구에게나 편안한 느낌을 준다. 그리고 자신이 느낀 편안함의 정도에 따라 다른 사람에 대한 평가나 대하는 태도가 달라질 수 있다는 것도 분명하다. 물론 불쾌감을 일으키는 터치도 존재하기 때문에 이에 이의를 제기할 수도 있다. 터치가 어떤 상황과 맥락 속에서 이루어지는지 그리고 누가 자신을 터치하는지가 터치를 받아들이는 인식에 결정적이다. 딱히 부정적이지 않은 매우 일상적 상황에서의 가벼운 터치라도 받아들이는 사람의 태도에 항상 긍정적인 영향을 주는지는 생각해볼 문제다.

문화와 터치

레옹의 이야기로 돌아가 보자. 레옹은 카페에서 나와 샐러드볼을 사기 위해 주방용품 매장으로 간다. 매장에 들어서자 다양한 샐러드볼이 눈에 들어온다. 몇 개를 골라 마지막으로 비교를 하는데, 지나가던 이와 우연히 팔을 스친다. 아주 짧은 순간이었다. 레옹은 팔이 스친 것을 전혀 신경 쓰지 않는다. 그런데 갑자기 더 이상 샐러드볼을 비교하기 싫어진다. 급한 일도 아니니 다음에 사기로 하고 매장 밖으로 나간다.

　괜찮은 샐러드볼이 없었나? 레옹이 원했던 상품이 아니었나? 아니면 혹시 다른 사람과 우연히 팔이 스쳤기 때문인가? 의도하지 않은 다른 사람과의 매우 짧은 접촉과 레옹의 샐러드볼 선택 사이에는 아무런 관련이 없기 때문이 타당성이 거의 없어 보인다. 대부분 그렇게 생각할 수 있다. 그러나 한 연구 결과는 비슷한 상황에서의 실험을 통해 의외로 둘 사이에 연관관계가 있음을 확인하였다. 물건을 고르던 사람들 가운데 다른 사람이 지나가면서 터치한 사람들은 훨씬 일찍 매장을 나서고 같은 물건이라도 더 부정적으로 평가했다! 이러한 현상은 실험참가자를 스치고 지나간 사람의 성별과는 상관이 없었다. 실험참가자의 성별도 아무런 영향이 없었다. 다시 말해 이러한 상황에서 남자와 여자의 차이는 없다.

　레옹이 인지하지 못했을 만큼 짧은 터치가 구매의사에 영향을 미치기도 하고, 반대로 카페 종업원의 터치를 긍정적으로 평가를 하는데 무엇이 영향을 미친 것일까? 무엇보다도 터치의 효과는 터치가 일어나는 상황이 좌우한다는 점을 보여준다. 샐러드볼을 고르는 상황에서는 터치가 부정적인 효과를 불러일으켰다. 레옹은 누군가가 팔을 스치고 지나간 이후 불편함을 느끼고 같은 공간 안에 있던 다른 사람들과 거리를 두고 싶었을 것이다. 우리는 누구나 낯선 사람과 마주할 때 어느 만큼의 거리를 두는 것이 적당한지에 대한 감이 있다. 대체로 (적어도 같은 문화권의 사람들이라면) 무의식적으로 이 적당한 거리를 유지하기 때문에 평상시에는 이 사실을 인식하지도 못한다. 그런데 누군가가 적절한 물리적 거리를 지키지 않고, 게다가 반복적이거나 장시간 너무 가까이 다가오면 우리는 부정적인 느낌을 받게 된다. 앞에서 소개한 사례에서도 레옹을 스치고 지나간 사람이 레옹의 사적인 공간을 침범했다. 즉, 레옹이 불편할 만큼 접근해버린 것이다. 레옹 자신은 그 사실을 인지하지 못했을 수 있지만, 부정적인 영향이 발생한 것이다. 잠깐의 접촉이었지만 이는 레옹으로 하여금 그 상황에서 벗어나고 싶게 만들고 샐러드볼을 고르는 원래의 목적에 집중하지 못하게 하였다. 잠깐의 주의가 분산되는 사건에 불과했지만, 순간적인 접촉은 새로운 감정과 동기들이 레옹의 태도나 행동을 '통제'할 기회를 제공한 것이다. 레옹은 갑자기 피곤함을 느끼거나 샐러드볼을 고를 의욕을 잃었다.

레옹이 제품 선택을 포기하고 매장을 떠나게 된 결정적 이유가 무엇이든 간에 이는 터치가 항상 긍정적인 효과만 수반하는 것은 아님을 보여준다. 우리는 우리를 터치하는 사람을 더 좋아할까 아닐까? 이 질문에 대해 보편적인 답이 있을까? 1970년대 실시된 한 연구에서는 도서관 사서가 책을 반납하는 학생 가운데 일부에게는 손을 살짝 터치하고 일부에게는 터치하지 않았다. 이 가운데 도서관 사서와 스킨십이 있었던 학생들은 비교군의 학생들에 비해 도서관 사서를 훨씬 긍정적으로 평가했다. 이 연구결과는 유사한 연구들을 통해 재차 확인되었다. 때에 따라서는 남녀 차이가 나타나기도 했다. 여성이 남성보다 스킨십을 더 긍정적으로 느끼는 연구도 있었지만, 그러한 차이가 나타나지 않는 경우도 있었다. 기본적으로 낯선 사람의 친절한 터치는 긍정적으로 평가되는 듯하다. 물론 레옹이 주방용품점에서 경험한 상황은 조금 다르다. 왜냐하면 터치의 긍정적 효과에 대해 보고하는 연구들을 살펴보면 실험에 참여한 사람들 사이에 사전에 상호작용이 있은 후에 터치가 이루어졌기 때문이다. 다시 말해 터치는 주로 서비스를 제공하거나 고객응대를 하는 중립적인 맥락에서 이루어지는 상호작용의 일환이었다. 따라서 둘 사이에는 확실한 관계가 설정되어 있었다. 이때는 터치가 소통의 한 방식으로 받아들여지고 친절함을 표현하는 상호작용의 한 요소로서 해석될 수 있었다.

어떤 연구에서는 여성과 남성이 터치를 받아들이는 방식과 터치에 대한 평가에 있어서 차이를 보였다. 이러한 차이는 남녀의 생물학적인 차이를 반영한다기보다 문화적인 이유에서 발생할 수 있는데, 사람 사이의 터치는 문화적 영향을 크게 받는다는 사실을 보여준다.

사람과 사람 간의 상호작용을 크게 좌우하는 문화적인 측면과 사회적 규범에 대해 살펴보기 전에 우리의 친척인 원숭이들을 살펴보자. 원숭이는 무리생활을 하는데 무리에는 일반적으로 뚜렷한 서열이 존재한다. 원숭이는 서열을 정하고 유지하기 위해서 싸우는 대신 털 고르기를 한다. 털 고르기는 위생과 우정을 유지하기 위해서도 ('우정'을 다루는 장에서 털 고르기에 대해 자세히 다룬다.) 중요하지만 무리 내 서열을 표현하는 방법이기도 하다. 서열이 낮은 암컷은 서열이 높은 암컷의 털 고르기를 자주 하지만 서열이 높은 암컷이 서열이 낮은 암컷의 털을 고르는 일은 매우 드물다. 다시 말해 서열이 높으면 다른 원숭이들에게 서비스를 받고도 이를 갚아줄 필요가 없는 것이다. 수컷 원숭이들도 비슷한 태도를 보이지만, 수컷은 암컷에 비해 털을 고르는 빈도가 서열과 상관없이 전체적으로 훨씬 낮다.

흥미롭게도 인간의 사회적 규범에서도 유사한 현상이 발견된다. 대부분의 문화권에서는 여성 간의 터치는 수용되지만 남성 간의 터치는 흔하지 않고 주로 서열관계의 표현으로 해석된다. 적어도 이성애가 정상 또는 주류로 간주되는 사회에서는 그렇다. 남녀 사이의 스킨십은 둘이 가까운 관계가 아닌 경우 대개 에로틱한 동기가 있는 행위로 간주된다. 그러나 친구 사이의 터치는 다르다('우정'을 다루는 장 참조). 서로 얼마나 자주, 어디에서 그리고 어떤 상황에서 터치하는지는 문화에 따라 큰 차이를 보인다. 대표적으로 거대 문화권들(예를 들어 아시아, 아랍, 서구 문화권) 사이뿐 아니라 유럽 내에서도 차이를 확인할 수 있다.

일반적으로 남유럽 사람들은 더 개방적이고 적극적이지만 북유럽 사람들은 상대적으로 더 조심스럽고 거리를 두는 경향이 있다고 알려져 있다. 이는 고정관념이지만, 고정관념이 우연히 생긴 것은 아니다. 핀란드에서 실시했던 한 대규모 조사에서 터치와 정서적 친밀감이 어떻게 연결되어 있는지 확인할 수 있었다('우정'을 다루는 장 참조). 이 조사에서는 핀란드, 프랑스, 러시아, 영국, 이탈리아 출신의 사람들을 인터뷰했다. 모두 소위 서양 문화권에 속하는 사람들이었지만 조사결과는 출신 국가에 따라 다르게 나타났다. 특히 영국인들은 연인이나 부부 사이가 아니면 터치를 거의 허용하지 않는다고 답하였다. 반면 프랑스와 이탈리아 사람들은 터치에 대해 관대한 태도를 보였으며, 핀란드인들 역시 터치에 대해 개방적으로 답하면서 차가운 북유럽 사람들이라는 고정관념을 깼다.

그렇다고 해서 다른 사람과의 물리적 거리를 두는 경향이 강한 것으로 알려진 북유럽 사람들에 대한 고정관념이 전혀 근거 없는 것은 아니다. 다른 사람과 대화를 할 때 친밀하다고 느끼는 상대방과 자신 사이의 적당한 거리에 대해서는 이탈리아나 스페인 사람들보다 독일, 스칸디나비아 그리고 영국 사람들이 더 멀었다. 이러한 차이는 인사를 하는 방식에서도 확인되었다. 남유럽 사람들은 다른 사람을 만나 인사를 나눌 때 포옹을 하며 입맞춤을 하지만 북유럽 국가에서는 악수를 나누거나 아예 터치 없이 인사를 나누는 것이 일반적이다.

남녀의 차이가 있는지 살펴보면, 남자들은 여성을 손으로 터치하는 경우가 많고, 여성은 남성을 터치할 때 신체의 다른 부분을 주로 쓰는 것으로 확인되었다. 친밀하지 않은 사람을 손으로 터치하는 것은 계급과 지위를 표현하는 방식으로 해석되기도 한다. 이것은 우리가 모두 알고 있는 것처럼 일종의 무의식적인 사회적 코드 같은 것이다. 레옹이 회사에서 일을 하고 있는데 지나가던 상사가 어깨를 두드린다고 상사의 이런 터치를 이상하거나 부적절하다고 느끼지 않는다. 하지만 반대로 레옹은 절대로 상사에게 어깨동무를 하지는 않을 것이다. 상상만 해도 고개를 절레절레 젓게 되는 터무니없는 상황이다. 그런가 하면 레옹이 자신의 여비서에게 서류를 전달하는 상황에서는 서류의 특정 부분을 언급하면서 손으로 여비서의 팔을 터치하는 것은 정상적인 것으로 받아들인다.

이 상황은 전통적인 성역할과 회사 내 지위에 부합하는 제스처이므로 자연스러운 터치라고 여길 것이다. 그러나 현대 사회에서는 성역할과 지위 그리고 그에 적합한 태도가 뒤섞이고 변하면서 혼란이 일어나기도 한다. 매우 전통적인 성역할 개념을 갖고 있는 레옹은 남자 직장 상사에게는 어깨동

무는 상상조차 못하면서 상사가 여성일 경우에는 어느 정도의 터치를 할 수 있다고 생각한다. 실제로 전통적인 성역할이 엄격히 구분된 나라 출신의 남자들은 현대화된 성역할 개념이 정착된 나라의 남자들보다 여성을 손으로 더 자주 터치한다. 물론 여성을 손으로 터치하는 빈도는 다수의 추가적 요소들, 예를 들어 나이와 관계 등의 영향을 받기 때문에 단순히 출신 문화권의 성역할에 대한 지배적인 인식에 의해서만 좌우된다고 할 수는 없다. 이에 결정적인 영향을 미치는 요소 중 하나는 종교다. '동양'은 신체적 접촉이 빈번한 문화권으로 알려졌지만, 터치를 통한 상호작용은 동성끼리만 허용된다. 이슬람교에서는 가족이 아닌 경우에는 남녀 사이의 모든 신체적 접촉을 엄격하게 금지하고 있다.

　　결국 성별과 사회적 지위가 터치에 미치는 영향에 관하여 보편적으로 적용 가능한 설명은 도출해내기 거의 불가능하다. 그러나 서양 문화권으로 제한해서 살펴보면 손으로 상대를 터치하는 빈도가 자신의 사회적 지위와 관련된 것으로 보인다. 지위를 표현하는 터치의 방식이 성별에 따라 어떻게 달라지는지는 각 개인 그리고 해당 사회가 가진 성역할에 대한 인식에 따라 결정된다. 실질적인 지위가 그 사회에서 기대되는 성역할과 일치하지 않는 경우 혼란이 일어나거나 종종 이상한 상황이 발생한다. 여성이 남성보다 높은 지위를 차지할 경우 전통적인 성역할에 따른 행동방식이 부적절해질 수 있다. 이는 세계 여러 나라의 정상들이 모인 자리에서 서로를 대하는 태도를 통해서도 확인할 수 있다. 남성 정치인들끼리는 힘있게 오랜 시간 악수를 한다. 때에 따라서는 악수를 하며 한쪽이 상대방 어깨에 왼손을 얹기도 한다. 이때 상대방이 별다른 제스처를 취하지 않는 이상 이러한 행동은 두 사람 모두 받아들이는 서열의 표현으로 해석된다. 상대적으로 서열이 낮아 보이지 않기 위해 정치인들은 악수를 하다가 상대가 어깨를 터치하면 자신도 상대의 어깨를 두드린다. 미국의 트럼프 대통령은 악수할 때 상대방의 팔을 자기 몸 쪽으로 강하게 끌어당기곤 하는데, 이 역시 힘과 지위의 표현이라는 해석이 있다. 팔에 힘을 주어 버티지 않는 사람은 트럼프보다 약한 상대로 보이게 되는 것이다. 그러나 트럼프, 푸틴 또는 마크롱과 같은 남자 대통령들이 여성인 독일의 앙겔라 메르켈 총리와 인사를 나눌 때는 상황이 달라진다. 여성 정치인과의 인사에서는 볼을 맞추거나 상대방의 등을 터치한다. 남자 정치인들 간에는 생각하기 어려운 인사다. 예컨대 트럼프와 푸틴이 서로 볼을 맞추며 인사한다고 상상해보라! (혹시 모를 일이긴 하다!) 사회적 지위와 성별에 적합한 태도가 뒤섞여 실제로 이상하게 행동한 대표적인 사례로 조지 부시 대통령을 들 수 있다. 2006년 G8 정상회담에서 촬영된 영상을 보면 당시 미국의 부시 대통령이 독일의 메르켈 총리에게 일종의 어깨마사지를 하는 장면이 나온다. 메르켈 총리가 깜짝 놀라 얼굴이 일그러지면서 팔을 들어 거부감을 나타내자 부시 대통령은 메르켈 총리의 어깨에서 손을 떼고 지나간다. 한 국가의 행정수반에게 이러한 스킨십을 한다는 것은, 그것도 전 세계 언론이 지켜보는 가운데 그런다는 것은 당연히 부적절한 행동이고 독일의 총리가 남자였다면 절대 일어나지 않았을 일이다. 메르켈 총리는 그러한 제스처가 의미하는 바를 분명 잘 알고 있었을 것이다. 메르켈 총리는 자신을 껴안으려는 사람의 팔을 손으로 잡으며 자연스럽게 포옹을 저지하는 일이 많다. 고위 정치인이라면 인사 및 상호작용하는 방식이 수천 장의 사진과 영상으로 포착되어 전 세계에 어떻게 비춰질지 염두에 두어야 한다.

문화와 남녀의 성역할 그리고 종교는 터치에 강력한 영향을 미치지만, 우리가 다른 사람들에게 메시지를 전달하기 위해 사용하는 기본적인 터치는 전 세계 어디에서나 비슷하게 수용된다. 신체적 접촉을 통한 소통의 기본적인 원리는 모든 문화권에서 동일하다. 세계 어디서나 시비를 거는 듯한 제스처를 취하거나 팔을 거칠게 잡아당기면 그것은 공격적인 메시지로 받아들여진다. 다른 사람의 팔을 조심스럽게 터치하거나 껴안는 것은 긍정적인 감정을 전달한다. 그렇기 때문에 사람들은 언어가 통하지 않을 때 손짓과 발짓으로 대화를 한다고 한다.

4

우정

루이제는 친한 친구인 엘리자베스와 함께 와인을 마시기로
했다. 약속 장소에 도착하니 엘리자베스는 이미 와 있다. 손
을 흔들며 다가온 엘리자베스는 루이제와 가까워지자 팔을
벌려 반긴다. 루이제는 포옹을 하며 엘리자베스의 볼에 입을
맞춘다. 루이제와 엘리자베스는 팔짱을 끼고 바 안으로 들
어간다. 앉을 자리를 찾아 이리저리 둘러보던 엘리자베스는
직장동료를 발견한다. 엘리자베스는 동료에게 다가가 가볍
게 포옹하며 인사를 나눈 후 루이제를 소개한다. 엘리자베스
의 직장동료는 루이제와 악수를 나누고 동석하고 있는 세 사
람을 소개한다. 엘리자베스와 루이제는 세 사람을 향해 손을

흔들며 미소 짓는다. 그렇게 가벼운 인사를 나눈 후 두 친구는 다시 빈 테이블을 찾아 이동한다. 자리를 잡고 주문을 마치자 엘리자베스는 속상한 마음을 털어놓는다. 아버지가 다리가 부러지는 사고를 당했다는 것이다. 엘리자베스는 엄마 혼자서 아버지를 돌보기 어려우실 것 같아 도와드리고 싶은데 요즘 업무가 너무 많아 도저히 휴가를 낼 수 없어서 스트레스를 받고 있다고 한다. 루이제는 엘리자베스의 팔에 손을 올려놓고 있다 이야기가 끝나자 애정을 담아 팔을 꼭 붙잡는다. 엘리자베스는 숨을 깊이 들이쉬고 조금 전보다 마음이 편안해짐을 느낀다. 스트레스와 긴장된 마음이 풀리는 듯 미소 지으며 루이제에게 마음이 한결 편안해졌다고 한다.

털 고르기에서 우정으로

우리는 누구나 극도로 흥분하거나 스트레스를 받거나 불만족스러웠던 경험을 해봤을 것이다. 또, 마음이 괴롭고 힘들 때 사랑하는 사람의 터치 덕분에 마음이 진정된 경험도 있을 것이다. 친구들의 터치는 스트레스를 극복하는 데 도움이 된다. 루이제와 엘리자베스, 우리 같은 사람들만이 아니라 우리와 가까운 원숭이도 마찬가지다. 원숭이들 역시 우정과 같은 감정을 느끼고 혈연관계의 가족이 아닌 낯선 원숭이들과도 친구가 된다. 원숭이들의 우정은 서로 털을 고르는 행위로 표현된다. 털을 고르는 행위는 단순히 털 속 기생충을 제거해주는 것만을 목적으로 하지 않는다. 원숭이들은 단순히 위생목적을 위해 필요한 시간이나 횟수보다 훨씬 오래 그리고 훨씬 자주 털 고르기를 한다. 그 이유는 털 고르기가 사회적 관계를 강화하는 행위이기도 하기 때문이다. 어떤 원숭이들은 하루 중 20%를 털 고르기에 몰두한다. 상당히 많은 시간, 특히 먹이나 파트너를 찾으러 다닐 수도 있는 시간을 털 고르기에 할애하는 것이다. 진화론적 관점에서 보면 털 고르기가 그만큼 큰 이점이 있기 때문일 것이다. 그렇지 않다면 털 고르기에 쏟는 관심과 에너지를 다른 활동에 사용했을 것이다.

털 고르기가 사회적 의미가 있다는 사실은 원숭이의 몸집과 털 고르기에 몰두하는 시간 사이의 관계를 통해서도 확인된다. 만약 털 고르기가 단순히 위생관리를 위한 활동이라면, 털이 많을수록 다른 원숭이로부터 더 오랜 시간 털 고르기를 받아야 할 테지만 그렇지 않다. 확실한 점은 원숭이 무리의 크기와 털 고르기 사이에 상관관계가 있다는 것이다. 무리를 구성하는 원숭이의 수가 많을수록 서로 털을 고르는 시간이 길어진다. 서로 털을 고르는 관계 즉, 원숭이들의 우정은 수년에 걸쳐, 또는 평생 유지된다. 서로 털을 고르는 원숭이들은 동지로서 서로 털 관리를 해줄 뿐 아니라 적을 쫓아야 하거나 싸움을 한 후 흥분을 가라앉히고 위로를 받고 싶은 때나 먹이를 나눠 먹는 등 온갖 상황에서 서로를 돕는다. 서로 털을 고르며 함께 시간을 나누는 원숭이라면 다른 것도 공유하고 나눌 수 있다. 털 고르기를 상호 지지하는 약속의 표현으로 볼 수 있는 것이다. 앞서 살펴본 바와 같이 원숭이들 사이에서도 터치는 정상적인 사회성 발달과 무리 내 위계를 나타내는 데 중요한 역할을 한다. 1990년대에 인류학자이자 심리학자인 옥스퍼드 대학의 로빈 던바Robin Dunbar 는 원숭이가 내는 소리가 아니라 터치의 형태로 이루어지는 소통이 인간 언어의 기원이라고까지 주장했다.

원숭이의 행동과 인간의 행동 사이의 유사성을 발견하는 것은 어려운 일이 아니다. 원숭이와 인간의 조상이 같다고 믿고 싶어하지도 않고, 인간은 동물 그 이상의 존재라 믿는 사람이라면 맘에 들지 않겠지만 말이다. 그러나 진화론을 토대로 인류의 출현을 전제한다면 인간의 수많은 행동이 사회적 신체 관리social body care의 일종으로 해석될 수 있다. 로빈 던바는 아이를 둔 엄마들은 아이의 머리카락을 만지작거리며 머리카락에 붙은 작은 각질이나 때를 제거하는 데 많은 시간을 할애한다는 사실을 언급한다. 연인이나 여자 친구들 사이에서도 이러한 현상이 종종 발견된다. 특히 친구 관계가 그 어떤 사회적 관계보다 중요한 청소년기 아이들은 원숭이들의 털 고르기와 유사한 다양한 신체 접촉을 통해 우정을 확인한다. 나는 십대 때 가장 친한 여자 친구와 끝이 갈라진 머리를 다듬으면서 오후 시간을 함께 보내곤 했다. 던바는 또한 사람은 자신의 머리를 만지고 관리해주는 사람과 특별한 관계를 맺게 되기 때문에 새로운 미용사에게 머리를 맡기는 것은 쉬운 일이 아니라고 했다. 억지스러운 비교인지는 모르지만 원숭이의 친척인 우리가 사회적 관계 유지를 위해 일종의 털 관리를 한다는 주장에 딱 들어맞는 사례다. 사람 사이의 터치, 특히 서로 머리를 매만지는 행위가 사회적 관계를 개선하고 심화시키는 효과가 있다면 미용실에서 관리를 받을 때 옥시토신 분비가 촉진될 것이다. 그래서 머리 손질이 끝나면 기분이 좋아지고 관리해준 미용사에게 특별한 친밀감을 느끼게 되는 것일 수 있다. 옥시토신의 역할에 대해서는 뒤에서 다시 자세히 다루기로 하고 이야기를 계속해 보도록 하자. 사회적 의미가 있는 신체 관리가 오늘날 머리카락을 다듬고 만지는 행위로 계승되었다는 가설은 또 다른 사례를 떠올리게 한다. 대부분의 여자는 남자를 유혹할 때 손가락으로 머리를 쓸어 올리거나 머리카락 몇 가닥을 손가락에 감아 꼬면서 머리카락처럼 상대의 마음도 휘감으려 한다. 실제로 여성잡지 등에서 '남자를 꾀는 방법'을 소개할 때 머리카락을 이용하라는 팁을 주기도 하고, 반대로 남성잡지에서는 여성이 머리카락을 만지작거리는 것은 관심의 표현이라는 설명을 발견할 수 있다. 다수의 종교에서는 여성의 머리카락을 가리게 하는데, 그것은 머리카락이 이성에 대한 유혹이나 성적인 매력과 관련있기 때문이라고 한다. 이러한 종교들은 머리카락을 육체적, 성적인 것과 연결한다. 사람 사이의 터치 중 하나인 머리카락을 통한 접촉은 머리카락마다 (몸 전체에 분포된 것 같은) C-촉각 신경섬유가 연결되어 있어서 생리학적으로도 특별한 의미가 있다. 성eroticism적 주제에 대해서는 뒤에서 자세히 살펴보겠다.

이와 관련해 흥미로운 점은 스트레스를 받은 엘리자베스를 안심시켜주기 위해 친구를 안아주는 루이제의 행동은 원숭이들 사이의 털 고르기와 같은 효과가 있다는 점이다. 털 고르기는 서비스를 받는 원숭이의 스트레스 지수를 떨어뜨리고 흥분을 가라앉히는 효과가 있는데, 이 효과는 심박수가 떨어지고 안정되는 것을 통해 입증된다. 털 고르기는 경쟁자들 간에 공격성을 줄여주고 싸움을 방지하는 효과도 있다. 싸움을 했더라도 승자가 패자에게 화해의 의미가 담긴 터치를 하게 되면 패자의 스트레스 지수가 떨어지고 다시 무리 내 평화로운 분위기가 형성된다. 이러한 현상은 원숭이뿐 아니라 집단을 형성해 사회적 관계를 맺고 사는 모든 포유류에게서 발견된다. 예를 들어 돌고래들은 화해하기 위해 지느러미를 비빈다. 친구 관계인 말들은 이빨로 서로의 목과 등을 가볍게 문다. 일종의 말 마사지인 셈이다.

맥락에 따라 다르게 받아들여지는 터치

루이제가 엘리자베스의 팔을 쓰다듬는 것은 남자친구의 팔을 쓰다듬는 것과는 전혀 다른 의미와 결과를 불러일으킨다. 루이제가 여자 친구의 팔을 쓰다듬는 것은 위로를 전달하지만, 남자친구의 팔이라면 성적인 신호가 될 수 있다. 터치를 통해 피부에 가해지는 똑같은 물리적 자극이라도 상황과 두 사람 사이의 관계에 따라 몸에서 완전히 다른 결과를 불러일으킬 수 있다는 점에서 매우 흥미로운 현상이다. 루이제와 엘리자베스의 예에서는 엘리자베스의 심박수가 감소하면서 터치가 안정감을 주는 효과가 있음이 확인되었다. 그러나 루이제가 남자친구와 단둘이 있는 로맨틱한 상황에서 똑같은 방식으로 남자친구의 팔을 쓰다듬는다면 남자친구의 심박수는 오히려 올라갈 것이다. 똑같은 물리적 자극임에도 싫어하거나 불편해하는 사람이 자신의 팔을 쓰다듬을 경우 불쾌감이 드는 것은 무엇 때문일까? 쥐를 대상으로 실시한 최근의 연구 결과에서 터치를 하면 피부 자극이 척수를 거쳐 뇌까지 전달될 뿐 아니라, 동시에 뇌에서도 척수로 다량의 신호를 전달한다는 사실이 밝혀졌다. 뇌는 일차적으로 우리의 근육 그리고 우리의 움직임을 조정하기 때문에 다량의 신호를 전달한다. 이는 새로운 것이 아니다. 이 연구를 통해 새롭게 밝혀진 것은 진동, 열기, 냉기 같이 피부 자극에 관한 신호들을 수집하는 뉴런들이 뇌에 의해 조절된다는 사실이다. '상향식' 처리의 반대인 일명 '하향식' 조절이 이루어진다는 것이다. 피부가 뇌에 전달하는 신호들은 (아래에서 위로 전달되는) '상향' 신호들이지만 뇌가 척수 속 뉴런에게 전달하는 신호들은 (위에서 아래로 전달되는) '하향' 정보들이다. 이 표현은 인간의 뇌가 손이나 발보다 위쪽에 위치한다는 의미가 아니라 신호를 처리하는 데 있어서 위계 상 더 상위에 있다는 의미다. 몸에서 뇌로 전달되는 신호들은 다양한 처리 단계를 거치게 되는데, 이 신호 처리의 대부분은 우리가 자극을 인식하기도 전에 이루어진다. 이러한 처리의 단계들은 위계적으로 구성되어 있다. 과거에는 모든 감각 자극이 오로지 아래에서 위로만 전달된다고 생각했다. 시각 자극의 처리를 예로 들 수 있다. 친구의 얼굴을 바라본다면 먼저 빛이 망막에 도달한다. 예민한 망막 세포들이 시신경을 통해 명암에 대한 정보를 뇌로 전달하고 뇌에서는 명암에 관한 정보를 여러 단계를 거쳐 처리한다. 뇌는 우선 바라보고 있는 대상의 색과 윤곽에 관한 정보를 검색하고 다음 단계로 이 대상을 '얼굴'로 분류한다. 그리고 아는 얼굴인지 여부를 판별하고 얼굴과 이름을 매치한다. 이어지는 복잡한 프로세스에서는 표정을 분석하고 친구가 느끼는 감정을 파악한다. 이러한 일련의 과정들이 단방향으로 일어나는 것이 아님이 오늘날 점점 더 확실해지고 있다. 이는 우리의 기대가 우리가 인지하는 정보에 영향을 미치고 그 정보를 변형하기도 한다는 의미이다. 예를 들어 성형수술을 한 후 코 모양이 달라지더라도 우리는 친구를 알아볼 수 있다. 또 사진편집 프로그램을 이용해 얼굴의 모양을 변형해 형태와 비율이 완전히 바뀐다고 하더라도 우리는 자신이나 친구의 얼굴을 찾아낼 수 있다. 왜 그럴까? 우리는 마주하고 있는 사람이 누구인지 알기 때문에 우리의 기대가 인지에 영향을 미치는 것이다. 이것이 '하향식' 조절이다.

누군가가 팔을 쓰다듬으면 C-촉각 섬유가 척수에 신호를 보낸다. 척수 속에는 이러한 정보가 수집되는 공간이 있다. 바로 등쪽뿔dorsal horn이라 불리는 곳이다. C-촉각 섬유가 전송한 쓰다듬는 자극에 관한 정보는 다른 신경세포에도 전달된다. 이러한 정보 전달을 위한 소규모 로컬 뉴런 네트워크가 형성되어 있기도 하다. 대부분의 신경세포는 일명 사이뉴런interneuron(감각뉴런과 운동뉴런 사이를 연결하는 신경세포-옮긴이)이라 불리며, '현장on the spot'에 있는 다른 뉴런에 정보를 전달한다. 소수의 뉴런만이 정보를 뇌에 전달하고 뇌에서 터치에 대한 정보를 처리하고 인식할 수 있게 한다. 터치에 관한 정보를 일차적으로 척수에서 처리하는 사이뉴런들은 뇌로부터 추가적인 '하향' 정보를 받는다. 시냅스의 15~20%, 즉 신경세포들 사이의 연결은 뇌로부터 나온다! 이는 상당히 높은 비중이며 이전에 학계에서 예상했던 것보다 매우 높은 수치다. 이때 이러한 뇌로부터의 '하향' 정보가 터치에 대한 인식을 변형시킬 수 있다. 그러나 하향식 정보들이 실제로 터치에 대한 인식을 변형시키는 지는 아직까지 명백히 입증되지 않았지만, 적어도 이 신경연결통로들이 터치를 다르게 인식하게 하는 기능을 담당하는 후보로서 딱 들어맞는다. 예를 들어 터치로 인한 자극이 자기를 스스로 만진 결과 발생한 것이어서 예측이 가능한 자극이라면 뇌는 척수에서 터치 자극에 대한 처리를 억제할 수 있다. 또한 뇌는 자신을 터치한 사람이 누구인지와 처한 상황에 따라 터치 감각에 대한 처리를 변형시킬 수 있다. 그 결과 관심을 가지거나 애정을 가진 사람이 팔을 쓰다듬을 때의 자극은 상대적으로 훨씬 강도 높게 인지된다. 반대로 업무를 처리하거나 의사가 진찰하는 상황 등에서와 같은 상호작용이 일어날 때는 터치가 낮은 강도의 자극으로 인지되고 덜 편안하게 느껴진다. 그러나 이러한 자극에 대한 처리의 변형은 척수에서 일어날 수도 있지만 뇌에서 자극을 처리하는 이후 단계에서도 일어날 수 있다.

스트레스와 터치

그렇다면 루이제의 부드러운 터치가 어떻게 엘리자베스를 기분이 좋아지게 하고, 숨을 크게 들이쉬게 하며 '마음을 편안하게' 느끼게 하는 것일까? 다수의 증거에 따르면 사회적 의미가 있는 터치는 오피오이드opioid라는 신경전달물질을 분비시킨다. 오피오이드는 아편opium을 연상시키지만 진통 효과가 있는 물질을 총칭한다. 우리 몸은 오피오이드에 속하는 다양한 물질을 분비하는데 그중 하나가 '행복호르몬'이라 불리는 엔도르핀endorphine이다. 원숭이를 대상으로 한 다수의 연구결과에서 애정 어린 스킨십 및 털 고르기의 빈도와 시간이 몸에서 분비되는 엔도르핀의 양에 영향을 미친다고 한다. 사람에게서도 터치와 오피오이드 분비 간에 상관관계가 있음이 확인되었다. 연구 참가자들은 PET(양전자방출단층

촬영) 스캐너 안에 눕는데 그중 절반은 연인이 곁에 서서 참가자를 (에로틱하지 않게) 쓰다듬고 나머지 절반은 그냥 누워 있었다. 연인이 쓰다듬은 참가자들은 뇌의 여러 부위에서 오피오이드, 특히 엔도르핀 양의 변화가 관찰되었다. 두 참가자 집단은 완전히 동일한 조건과 상황에서 단지 연인에 의해 쓰다듬어졌는지 여부만 차이가 있었기 때문에 오피오이드 양이 변화한 원인이 쓰다듬기에 있었다고 볼 수 있다.[*]

———

* PET 스캐너로는 오피오이드의 분비가 증가한 것인지 아니면 감소한 것인지를 직접으로 측정할 수 없고 간접적인 측정 및 관찰을 통해서만 '변화'를 확인할 수 있다. 즉, 아직 오피오이드와 결합하지 않은 오피오이드 수용체가 얼마나 존재하는지를 확인하는 것이다. "비어 있는 오피오이드 수용체"가 많다면 해당 부위에 오피오이드 분자가 적은 것으로 간주한다. 여러 가지 이유로 오피오이드가 수용체에 결합하는 빈도가 줄거나, 수용체에 비해 적거나 많은 양의 오피오이드가 생산될 수도 있다. 따라서 "비어 있는 오피오이드 수용체"를 통해 분비된 오피오이드의 정확한 양을 파악할 수 없기 때문에 어느 정도의 불확실성은 존재한다.

그럼에도 이러한 간접적 측정 방법에 의존하는 이유는 직접적 측정이 극도로 복잡하기 때문이다. PET 스캐너는 뇌 속 특정 물질이 내뿜는 양전자의 양적 변화를 측정하기 때문에 오피오이드를 조사하기 위해서는 약한 방사성-오피오이드가 필요하며, 가능하다면 엔도르핀과 같은 특정 오피오이드 종류의 방사성 물질이 있으면 좋다. 문제는 그러한 물질의 생산이 언제나 쉽게 가능한 것도 아니고, 인체에 주입했을 때 무해하지 않다는 전제도 충족되어야 한다. 또한 이 물질이 혈액을 통해 뇌까지 도달해야만 하는데, 이 또한 쉽지 않다. 인간의 몸은 가장 중요한 뇌를 보호하기 위해 극소수의 선별된 물질만을 뇌로 전달하기 때문이다. 게다가 특정 부위에서 확인된 오피오이드가 세포 안에 저장된 상태인지 아니면 분비된 상태의 것인지, 분비된 상태라면 떠돌고 있는지 아니면 수용체와 결합한 상태인지 알 수 없다.

오피오이드와 엔도르핀은 우리의 태도와 행동을 변화시키는 것으로 알려져 있다. 인체에 약간의 오피오이드를 주입하면 사회적 스트레스에 덜 예민하게 반응하며 분노한 표정 같은 부정적 자극의 영향을 덜 받게 된다. 오피오이드는 사람을 더 여유롭게 만들고 주변의 부정적인 사건들에 의미를 덜 부여하게 하는 것으로 보인다. 다시 터치에 관한 연구로 돌아가 보자. 오피오이드 양의 변화는 복부선조체vental striatum, 편도체amygdala, 뇌섬insula 그리고 전전두피질prefrontal cortex의 여러 부위에서 관찰되었다. 뇌의 이런 부위들은 사회적, 감정적 또는 보상적 자극의 처리에 어떠한 방식으로든 관여한다는 공통점을 가지고 있다. 특히 보상과 동기를 처리하는 데 있어서 중요한 역할을 담당하는 복부선조체에서 오피오이드 양의 변화가 가장 두드러졌다. 사회적 터치에 관한 기존의 다른 연구 결과들에서 쓰다듬기 자극을 처리하는 데 있어서 중요하다고 밝혀낸 뇌섬에서의 오피오이드 양 변화 역시 눈에 띄었다. 오피오이드가 뇌의 다양한 부위에서 서로

바로 이러한 어려움 때문에 오피오이드는 간접적인 방법으로 측정이 되고 오피오이드의 양이 증가 혹은 감소했다고 하지 않고 '변화'했다는 표현을 사용하는 것이다.

다른 세포타입과 정확히 어떻게 상호작용하는지 즉, 세포가 자극되는지 아니면 세포의 활동성이 약화되는지 등에 대해서는 앞으로 더 밝혀져야 할 것이다. 그러나 사람 사이의 부드러운 터치가 오피오이드 체계에 영향을 미치고 오피오이드가 기분과 스트레스에 대한 반응에 긍정적 영향을 미쳐 진정시켜주는 효과가 있는 게 확실하다면, 애정 어린 쓰다듬기가 흥분하고 스트레스를 받은 사람들에게 커다란 효과가 있다는 결론을 내리는 것은 무리가 아닐 것이다. 이 가설은 엘리자베스가 경험한 것과 같은 우리의 일상적 경험에서도 입증된다. 엘리자베스는 친구에게 자신의 스트레스에 관하여 이야기를 한 것 때문에 마음이 진정된 것이 아니다. 어쩌면 스트레스를 받는 이유를 설명하면서 그 상황을 다시 떠올려야 해 더 흥분하고 불안해졌을 수도 있다. 하지만 루이제가 팔에 손을 대자 엘리자베스는 긴장을 풀고 진정할 수 있었다.

터치는 일상 속에서 화나는 감정이나 상황뿐 아니라, 가슴 아픈 일들이 발생했을 때도 위안을 주는 효과가 있다. 나는 엄마가 돌아가셨을 때 사람들이 해준 위로의 말들이 친절하고 고맙게 느껴지기는 했지만 위로가 되지 않았다는 사실을 기억한다. 그러나 당시 남자친구의 어머니가 오셨는데 눈물을 글썽거리면서 나를 꼭 안아주었다. 놀랍게도 친구의 어머니로부터 전해진 진심 어린 공감과 따뜻한 포옹은 지금도 잊을 수 없을 만큼 큰 위로가 되었다.

사실 나는 이런 경험이 있기 전에는 사랑하는 사람을 잃어 슬픔에 잠긴 사람들을 안아주는 것을 꺼렸다. 마음이 아픈 사람에게 지나치게 가까이 다가가는 것이 부담스러웠다. 슬픔과 죽음을 어떻게 받아들여야 할지 잘 모르는 데서 오는 불안감 때문이기도 했다. 우리는 사랑하는 사람을 잃은 사람 앞에서 어떻게 행동하는 것이 적절한지 잘 모르며 가급적이면 상대방이 눈물을 쏟아내는 상황을 만들지 않으려고 한다. 그러다 보니 누군가를 위로하는 상황에서 악수하거나 위로의 말이나 글을 써서 보내는 것 외에 다른 제스처를 취하지 않는다. 때에 따라 아주 짧고 가볍게 상대를 안아주는 정도가 전부다. 하지만 내 경험에 비추어볼 때 상대에 대한 이러한 나름의 배려는 진정한 배려도 위안도 되지 못한다. 상대방의 슬픔을 공감하는 마음은 전달되어야만 위로가 된다. 마음을 전달하기 위해서는 진정한 의미의 포옹, 상대방을 오래 꽉 껴안은 것만큼 좋은 것은 없지 않을까? 형식적이고 가벼운 포옹은 사실 일종의 자기 방어일 수 있다. 상대의 아픔에 공감하고 슬픔에 동참하기 위해서는 상대방의 고통도 함께 느껴야 하는데, 이러한 고통으로부터 자신을 방어하고 싶은 심리가 작용하는 것이다. 다른 사람의 슬픔을 받아들이고 자신의 것으로 느끼는 사람이라야 상대에게 큰 위로를 줄 수 있다.

터치와 친밀감

생전 처음 본 사람들을 마구 끌어안으라는 소리는 아니다. 낯선 사람이 터치하는 것은 그다지 기분 좋은 일이 아니기 때문이다. '프리-허그free hug' 피켓을 목에 걸고 지나가는 사람들에게 포옹해주겠다는 사람을 본 적이 있다면, 대부분의 사람들이 그 사람을 피해 돌아가는 모습도 보았을 것이다. 누가 나의 어디를 만져도 되는지는 내가 그 사람에 대해 얼마나 감정적으로 친밀한가에 따라 달라진다. 엘리자베스는 친구 루이제를 반기며 편안하게 감싸 안고 볼키스를 했다. 반면 직장동료를 만나 인사할 때는 스킨십의 강도가 현저히 떨어졌고 처음 보는 사람들과 인사를 나눌 때는 아예 터치는 하지도 않았다. 정도의 차이만 있겠지만 우리는 모두 이러한 규범을 따라 행동한다. 평상시에는 의식하지 않지만 누군가가 규범에 어긋난 행동을 하면 불편함을 느끼며 비로소 그 규범을 떠올리게 된다. 만약 엘리자베스의 직장동료와 동석하고 있던 사람 중 하나가 벌떡 일어나 처음 본 엘리자베스와 루이제를 껴안았다면 모두가 그 행동을 이상하고 부적절하다고 평가했을 것이다. 이렇듯 사회적 규범은 우리의 태도에 큰 영향을 미친다. 이탈리아나 프랑스에서는 처음 보는 사이라도 서로의 볼에 뽀뽀하며 인사를 하는 것이 지극히 일반적이다. 반면 일본에서는 별다른 신체적 접촉 없이 상대를 향해 고개를 숙이는 것이 보통의 인사법이다. 이러한 차이가 단순한 고정관념에 불과한 것이 아니라는 것은 그 차이를 체계적으로 조사한 연구결과에서도 드러난다. 한 연구에서는 카페를 찾은 커플이 서로를 터치하는 횟수를 조사했다. 연구자들은 오랜 시간 커플들을 관찰하면서 신체적 터치가 이루어지는 횟수를 체크하였다. 결과는 문화권에 따라 큰 차이를 보였다. 카리브해에 위치한 푸에르토리코에서는 커플들이 1시간에 평균 180번 서로 터치하였다. 반면 영국에서는 커플들이 1시간 동안 서로 단 한 번도 터치하지 않았다! 물론 터치의 횟수는 해당 사회의 문화뿐 아니라 다양한 요소의 영향을 받는다. 예컨대 커플이 처해 있는 맥락 즉, 상황도 터치의 횟수를 좌우한다. 카페보다는 공항에서 터치 횟수가 훨씬 높다. 이별을 코앞에 둔 상황이라 그런지 아니면 비행기를 타기 전 불안감 때문인지는 연구에서 정확하게 밝히고 있지는 않지만 말이다.

앞서 소개한 이탈리아, 프랑스, 핀란드, 영국 그리고 러시아 출신 사람들을 대상으로 터치에 관해 조사한 결과는 문화적 차이가 있기는 하지만 보편적인 규범이 있다는 사실을 확인해주었다. 어느 나라 사람이든 간에 배우자나 연인에게는 신체 어디든 터치할 수 있게 허락하지만, 그 외 사람들에게는 터치를 허용하지 않는 신체부위들이 명확하다. 아무리 친한 친구라도 터치했을 때 편안하게 느끼는 신체부위는 어깨, 팔, 얼굴 정도로 제한된다. 이 신체부위들은 부모와 형제들에게도 허용이 되는 부분이다. 먼 친척이나 지인들에게는 팔과 손 정도만 허용된다. 낯선 사람의 경우 손 정도만 터치할 수 있다. 터치를 얼마나 편안하게 받아들이는지는 상대방과의 감정적 거리에 따라 달라진다. 가깝게 느끼는 사람일수록 그가 하는 터치를 편안하게 느낀다.

앞서 언급한 연구에서는 터치가 일어나는 상황에 대한 조사도 이루어졌다. 가장 터치가 많은 상황은 일반적으로 누군가를 만났을 때였고 그다음은 헤어질 때였다. 또한 터치를 하는 이유에 대해서는 정서적으로 친밀한 사람에게 긍정적인 의미의 관심을 표하거나, 그를 위로하거나 진정시키기 위해서라고 한다. 별다른 이유나 목적이 없는 스킨십은 연인, 친구 그리고 아주 가까운 사람들 사이에서만 일어난다. 상대방에게 애정을 표현하기 위한 목적의 스킨십은 거의 전적으로 연인 관계에서만 발견되며 드물기는 하지만 친구 사이에서도 약한 강도로 이루어진다.

정서적 친밀도와 물리적 거리가 항상 비례하는 것은 아니다. 물론 일반적으로 연인이나 배우자가 가장 자주 그리고 가장 다양한 신체부위를 터치하는 사람이기는 하다. 연인이나 배우자 관계는 매우 은밀한 신체적 접촉이 이루어지는 사이라는 점을 특징으로 하며 이러한 이유로 친구관계와 구분이 되기 때문에 어찌 보면 당연한 일이다. 그러나 실제로 조사를 해보면 특히 여성들의 경우, 평균적으로 신체적 터치가 가장 많은 연인보다 친한 여자 친구나 엄마에게 더 강한 정서적 유대감을 느끼는 것으로 나타난다. 신체적 접촉과 터치는 두 사람 사이의 거리와 관계에 영향을 받는 것은 사실이지만, 완벽하게 비례하는 고정된 규칙으로 존재하지는 않는다. 다시 말해 가깝게 느끼는 사람일수록 더 많이 터치할 수 있다는 식의 규칙은 없다. 반대로 터치와 스킨십을 허용한 사람이라고 해서 무조건 그 사람에 대해 감정적으로 친밀감을 느끼는 것도 아니며, 신체적으로 터치하지 않는다고 해서 그것이 상대방에 대한 감정이나 애정의 결핍을 반증하는 것도 아니다.

누가 터치해도 되는지 그리고 어디를 터치해도 되는지는 종종 당사자와 터치를 하는 상대의 성별에 따라 결정되기도 한다. 여자들은 일반적으로 남자보다 터치에 더 관대하다. 그럼에도 사이가 멀거나 낯선 사람이 절대로 터치해서는 안 되는 분명한 신체부위들이 있다. 남자의 경우 상대가 남자라면 지인이든 낯선 사람이든 엄격하게 터부시되는 신체부위들이 있다. 반면 상대가 여자라면 지인이나 낯선 사람이든 상관없이 절대로 터치할 수 없는 신체부위가 없다. 오래전인 1980년대에 실시된 한 연구에서는 남녀가 터치를 허용하는 정도나 신체부위에서만 차이를 보이는 것이 아니라, 낯선 이에 의한 스킨십을 받아들이거나 해석하는 방식에서도 차이를 보이는 것으로 나타났다. 조사에 참여한 여성들은 처음 본 남자의 터치를 불쾌하게 그리고 개인적 영역에 침범하는 것으로 받아들였지만, 남성들은 처음 본 여자의 스킨십을 친한 여자친구의 스킨십과 동일하게 긍정적으로 받아들였다. 이 연구는 대부분의 연구에서처럼 이성애자들만 조사 대상으로 한 것이었고, 다른 성적 지향이나 정체성을 가진 사람은 배제되었다. 우리의 문화적 규범들은 급격히 변하기 때문에 오래전에 실시된 연구 결과는 어쩌면 더 이상 의미가 없을 수도 있다. 예컨대 과거에는 남자들 사이에서 악수하는 것 이상의 터치는 상상하기 조차 어려웠고 강한 거부감을 일으켰다. 그러나 오늘날의 젊은 남자들은 아버지 세대나 그 위 세대와 달리 동성 친구들을 별다른 거부감 없이 터치하곤 한다.

우리가 살펴본 연구들은 조사대상자나 실험참가자 규모가 큰 집단에 대한 연구였고, 연구 결과 역시 집단의 평균값으로 소개되었다. 그러나 한 집단 안에서도 각 개인은 상당히 큰 차이를 보인다. 남자와 여자, 남유럽인과 북유럽인 등의 차이 외에도 다정하거나 다른 사람과 거리를 두는 것과 같은 개인적 성격이나, 차가운 느낌을 주는 것과 같은 인상의 차이도 있을 수 있다. 다정한 성격을 가진 사람들은 그 성격을 신체적 접촉을 통해서도 흔히 표현한다. 다른 사람을 자주 포옹하고 터치하는 사람들은 마음이 따뜻하다는 인상을 주기 마련이다. '다정하다'는 표현과 '물리적으로 거리를 둔다'는 표현은 서로 어울리지 않는다. 항상 예의 바르고 친절하고 남을 잘 도와주지만, 왠지 물리적으로 가까이 다가가기 어려운 사람이라면 친절하다는 말을 들을지는 모르지만 다정하다는 소리를 듣지는 못한다. 다정한 사람들은 다른 사람들에게 그들의 애정을 서슴없이 보여주곤 하는데, 이는 자신에게도 긍정적으로 작용한다. 한 설문조사 결과 다정하다고 평가되는 사람들은 그렇지 않은 사람들보다 자신의 삶에 더 만족하고 정신적으로 더 건강하며 자기 자신을 더 신뢰하는 것으로 드러났다. 그 밖에도 다정한 사람들은 다른 사람과 물리적 거리를 두는 비교집단의 사람들에 비해 스트레스, 우울감 등이 적고 사회적으로 소외될 확률이 낮았다. 흥미로운 연구 결과다. 다정한 사람의 관심과 터치를 받는 상대뿐 아니라, 당사자도 그러한 자신의 성격과 표현방식으로부터 혜택을 입는다는 것이다! 이것은 자기강화 효과self-reinforceing effect다. 다정한 사람으로 분류된 사람은 평균적으로 보다 안정적으로 유대감 있는 인간관계를 형성한다. 그 결과 자신의 인간관계에 전체적으로 매우 높은 만족도를 보인다.

자신의 삶에 만족하기 때문에 주변 사람들에게 다정한 것인지 아니면 주변 사람들과의 다정한 관계가 삶의 만족도를 높여주었는지는 명확하지 않다. 아마도 두 가지 다일 것이다. 우울하거나 사회적으로 소외된 느낌을 받는 사람들은 친한 친구의 팔을 터치하거나 누군가를 꼭 껴안는 등의 쉽고 간단한 방법으로 도움을 받을 수 있다. 내성적이고 소심한 성격의 사람이라면 자기만의 틀을 깰 필요가 있다. 자신이 만든 경계를 무너뜨리고 스킨십을 자주 실천하다 보면 스킨십을 하는 것이 점점 쉬워진다. 상대방은 분명 긍정적 반응을 보일 것이며, 다정함을 실천하기 위한 작은 노력은 금방 당연한 것이 될 것이다.

애완동물

@Jonas Vincent

동물은 내 삶에 있어 언제나 중요한 의미가 있었다. 기억할
수 있는 가장 어린 시절부터 나는 늘 애완동물을 키우고 싶
어 했다. 강아지나 고양이, 포니(작은 말) 아니면 토끼라도 키
우는 것이 소원이었다. 하지만 심한 동물털 알레르기가 있는
엄마 탓에 금붕어를 키우다가 나중에는 거북이를 키우는 데
만족해야만 했다. 나는 로드와 라우저라고 이름 붙인 애완용
거북이 두 마리를 무척 좋아하고 아꼈지만, 거북이들은 어딘
지 모르게 '진짜' 애완동물을 갖고 싶어 하던 나의 요구를 완
벽하게 충족시켜주지는 못했다. 내가 원했던 애완동물은 부
드러운 털이 있어서 쓰다듬고 끌어안고 비빌 수 있는 그런

동물이었다. 시간이 흘러 나에게는 말이 생겼고, 그 말에게 애정을 쏟았다. 애완용 말은 거북이와는 전혀 다른 종류의 친구였다. 말과의 상호작용은 항상 신체적 터치를 통해 이루어졌다. 내 목소리에도 반응했지만, 가장 정확한 의사 전달은 터치를 통해서 이루어졌다. 말들은 서로 자세와 (귀의 위치나 모양 같은) 특유의 제스처 그리고 터치를 통해 소통한다. 말들 간의 터치는 부드럽기보다는 다소 거칠어 보일 때가 많지만, 어쨌거나 터치를 통해 소통한다. 말을 좋아하는 사람들이 느끼는 말에 대한 정서적 친밀감 역시 신체적 접촉에 의해 형성된 것이다. 쓰다듬고, 칭찬하며 목을 토닥거리고, 말 위로 올라 타는 등 신체적 접촉을 통해 전달되는 특별한 느낌을 경험한다. 애완용 말을 소재로 하는 많은 책에는 "그녀는 말 갈기에 얼굴을 묻었다"라는 식의 표현이 등장한다. 애완동물과의 애정 어린 스킨십과 신체적 접촉은 위로를 준다. 사람과 사람 사이의 관계는 종종 형식적이기도 하고 문화적으로 제약을 받기 때문에 물리적 거리를 두어야 할 때도 많지만, 동물과의 관계는 예나 지금이나 터치를 통해 강하게 형성된다. 그렇기 때문에 더더욱 깊은 감정과 정서적 친밀감이 생긴다.

인간은 원시시대부터 동물을 키웠다. 그리고 동물을 때로는 친구로, 조력자로, 동반자로, 보호자로 여겼다. 과거에는 인간의 조력자로서 주로 개는 양을 치고, 말은 이동하고, 고양이는 쥐를 잡는 역할을 담당했다. 오늘날에는 애완용 동물과 가축이 엄격히 구분된다. 가축은 점점 더 인위적인 조건에서 대규모로 사육되는 반면, 애완 동물들은 진화적 차원에서 놀랍도록 긍정적으로 평가될 수 있는 우수한 조건에서 생활하고 있다. 애완동물들은 사랑을 듬뿍 받고 고급 사료를 먹고 의료 혜택까지 호사를 누린다. 토끼처럼 애완용이지만 때로는 식용으로 쓰이는 극히 일부 동물만이 예외적으로 애완동물이나 가축으로 엄격하게 분류되지 않는다. 말 역시 대표적인 애완동물이지만 종종 식용이나 '스포츠용'으로 활용이 되는 예외에 속한다. 어떤 동물이 어디에 속하는지는 해당 지역의 식문화와 관련이 깊다. 특히 돼지와 개의 경우가 그렇다. 서양에는 중국사람들이 개를 먹는 것에 대해 도저히 이해할 수 없다는 사람이 많지만, 돼지고기를 먹는 것에 대해 반감을 갖는 사람은 거의 없다. 사실 돼지와 개는 지능 수준도 비슷하며 돼지 역시 사랑스러운 애완동물이 될 수 있는데도 말이다. 실제로 돼지를 애완동물로 키우는 사람들이 있지만 개처럼 대표적인 애완동물이 되지는 못했다. 혹시 개처럼 끌어안고 비비기에 적합한 포옹 인자cuddle factor가 부족하기 때문일까?

독일에는 약 3000만 마리의 애완동물이 있고 그중 고양이가 1300만 마리, 개가 800만 마리라고 한다. 그 외에 조류, 파충류, 양서류와 어류에 속하는 소형동물들 600만 마리가 애완동물로 사랑을 받는다. 독일에는 말도 약 100만 마리가 있다. 오늘날 고양이나 개를 키우는 사람은 애완동물을 가족의 구성원이라 생각한다. 그래서 정성과 사랑을 다해 돌보고 개나 고양이는 주인에게 특별한 존재가 된다. 아이들은 대체로 동물을 좋아한다. 아이들은 길거리에서 개나 고양이와 마주치면 쓰다듬어주려 하고 털을 만져보고 싶어 한다. 그리고 아이들은 동물 만큼이나 부드러운 털인형을 좋아한다. 성인들 중에도 어릴 적부터 끌어안고 자던 곰인형에 계속해 애착을 갖는 사람들도 있다(굳이 떠들고 다니지 않을 뿐이다). 이러한 현상은 할로우Harlow가 새끼 원숭이들을 상대로 진행했던 실험을 떠올리게 한다. 새끼 원숭이들이 부드럽고 포근한 어미 원숭이모형을 선호한다는 사실을 보여주었다. 어미의 털에 몸을 밀착하는 것은 원숭이들에게는 생존과 직결된 것이었다. 사람이 여전히 동물의 털을 만지고 싶어 하는 욕구를 가지고 있는 것은 일종의 원초적 본능이 아직 남아 있어서일까? 가능한 이야기다. 또 다른 설명은 동물과의 소통이 주로 터치를 통해 가능하기 때문이라고도 한다. 예를 들어 말이 뭔가에 깜짝 놀라 흥분했을 때 사람이 쓰다듬어주면 다시 침착해진다. 고양이는 또 어떤가? 오늘날 고양이는 최고의 애완동물로서 자리하고 있다. 과거에는 쥐를 잡는 용도였지만, 오늘날에는 다만 고양이가 있는 것만으로도 충분해하고, 고양이는 사람들의 보살핌을 받는다. 사람들은 부드럽게 털을 쓰다듬어 줄 때 그르렁그르렁 소리까지 내는 고양이를 안아주고 만지는 것을 좋아한다. 고양이가 사랑을 받는 이유는 바로 쓰다듬고 껴안기 좋은 애완동물이기 때문인 것이다. 사실 고양이는 개처럼 주인에게 특별한 도움을 주지도 않는다. 사람들은 다른 이득이 없는데도 불구하고 부드러운 털을 만질 수 있다는 것을 일종의 보상이라고 생각하는 듯하다. 고양이를 쓰다듬는다고 해서 먹을 것이 생기는 것도 아니고 함께 아이를 낳을 파트너가 나타나는 것도 아니기 때문에 진화적으로 설명하기 어려울 수 있다. 하지만 자세히 살펴보면 부드러운 털을 만지는 행위 자체를 보상으로 여기는 것은 진화적으로 의미가 있다. 인류의 조상들은 몸에 두터운 털을 가지고 있었다. 그래서 털을 만지고 쓰다듬는 것에 대한 욕구가 있었는데, 그 욕구가 오늘날에는 동물의 털을 만지고 싶어 하는 마음으로 바뀐 것이다. 고양이는 자신을 쓰다듬도록 **허용**하며 쓰다듬는 사람은 고양이가 자신에게 쓰다듬기를 **허용해준 것**을 자랑스러워한다. 이것이 쓰다듬기가 그토록 기분 좋은 이유다. 동물이 사람에게 자신을 쓰다듬도록 **허용한다는 것**은 그 사람을 신뢰한다는 의미이다. 사람은 이때 무언가를 성취한 느낌이 들게 된다. 자신에게 복종하는 것이 아닌 자신을 신뢰하며 따르는 동물이 생겼다는 사실은 큰 만족감을 주며, 이는 자신이 신뢰할 만하고 좋은 사람이라는 일종의 확인이 되기도 한다. 동물이 인간에게 친밀감을 표현할 때에도 스킨십을 이용한다. 말은 사람에게 머리를 비비고 코로 사람을 툭툭 건드리기도 하고, 고양이는 자신의 털로 사람의 다리를 쓸고 지나가는가 하면 개는 주인을 핥는다.

인간이 애완동물에 대해 얼마나 강한 애착과 감정적 유대감을 갖고 있는지는 각종 재난사고에 관한 뉴스를 통해 확인할 수 있다. 태풍이나 홍수로 집에서 탈출하고 대피소로 가야 하는 상황에서도 애완동물을 데리고 나가기 위해 목숨을 거는 사람들에 관한 이야기를 종종 접할 수 있다. 그래서 오늘날에는 자연재해 상황이 발생해 긴급구조가 필요할 때 애완동물도 함께 구조하고 안전을 확보하는 것이 중요한 부분이 되었다. 우리는 위험한 상황에서도 대담하게 동물을 구조한 사람에 대한 기사나 영상을 각종 매체와 소셜미디어에서 심심찮게 볼 수 있다. 물살이 거센 강에 뛰어들어 강아지를 구하는 사람이나 하수구에 갇힌 새끼오리를 구조하는 소방관의 이야기도 낯설지 않다. 애완동물이 주는 기쁨과 애완동물을 소중하게 여기는 태도는 특정 용도를 위해 공장식으로 사육되는 가축들을 취급하는 방식과는 완전히 대조적이다. 특정 용도로 사육되는 동물들은 우리가 일상 속에서 **접촉**하지 않기 때문에 감정적 거리가 크게 존재하는 것이다.

치유 효과가 있는 동물들

오늘날에는 애완동물들이 큰 호사를 누리지만 키우는 사람 역시 많은 이점을 누린다. 동물을 키우는 사람은 치유 효과를 경험한다. 대부분의 사람은 애완동물을 애정과 신뢰를 나누는 존재이자 친구로 생각한다. 한 연구에서는 암 환자들을 대상으로 애완동물에 관한 대규모 조사가 진행되었다. 애완동물을 기른다고 답한 환자들은 그렇지 않은 환자집단에 비해 스트레스가 적은 것으로 나타났다. 환자들은 암을 치료하는 과정에서 애완동물을 정서적으로 자신을 지지해주는 존재로 느꼈기 때문이다. 노인들 역시 애완동물을 키울 경우 장점이 있다. 치매나 정신적 문제가 있는 경우 특히 더욱 유익한데, 다수의 연구결과를 통해 입증되었다. 애완동물을 키우는 노인들은 그렇지 않은 노인들에 비해 혈압이 낮고 항우울제 복용량도 적었으며 일반적으로 더 건강했다. 게다가 자신의 삶의 질을 더 높게 평가하고 감정적으로도 더 안정적이었다. 이런 의미에서 점점 더 많은 노인을 돌봐야 하는 고령화 사회에서는 애완동물이 중요한 역할을 할 수 있다. 특히 각종 시설에서 생활해야 하는 사람들에게 동물과의 교감은 정신의학적으로 긍정적인 효과가 있기 때문이다. 노인들은 동물과의 상호작용 속에서 생활에 더 만족하며, 덜 공격적이며, 덜 우울해하고, 덜 외로워한다. 정신적 문제를 겪는 고령의 사람들은 영양결핍 문제가 더해지는 경우가 많다. 이역시 애완동물이 해결해줄 수 있다. 한 연구결과 요양원에서 늘 어항 옆에 앉아 식사를 했던 사람들이 그렇지 않은 사람들에 비해 식사량이 더 많고 체중감소도 덜했다.

동물과의 접촉이 주는 긍정적 효과는 암 환자나 노인에게만 국한되지 않는다. 혼수상태의 환자가 키우던 애완동물과의 접촉에 반응하거나, 끔찍한 경험 후 트라우마에 시달리며 사람과의 소통을 거부하던 아이가 애완동물과의 상호작용을 통해 다시 말을 하기 시작하거나, 동물과의 접촉 후 현저히 차분해지고 편안해지는 등 무수한 증거들이 있다. 동물이 곁에 있는 것은 수술 후 회복에 도움이 되며, 만성 통증이나 심혈관 문제를 완화시킨다. 심장질환 환자 중 개를 키우는 환자들은 그렇지 않은 환자들에 비해 사망확률이 4배 정도 낮다.

동물을 키우는 것이 가져다주는 긍정적 영향은 많은 경우 동물을 키우는 사람의 신체활동이 보다 왕성해진 결과다. 개를 키우는 사람은 키우지 않는 사람보다 4~5배 더 많이 뛴다. 그러나 동물을 키우는 사람에게 미치는 긍정적인 영향은 동물과의 실질적인 접촉 즉, 터치와 관련된 수많은 이유 때문에 발생하기도 한다. 고양이와의 접촉은, 특히 스킨십을 할 때 고양이가 내는 그르렁거리는 소리는 치유효과가 있다고 한다. 고양이들이 그르렁거리는 소리는 일반적으로 진동수가 20-140Hz 사이다. 이러한 진동은 상처, 염증, 류머티즘 완화에 도움이 된다. 뼈를 튼튼하게 하고 상처나 염증을 가라앉히고 심박수를 낮춰주기 때문이다. 이러한 이유 때문인지 고양이의 주인들은 심장마비에 걸릴 확률이 일반인보다 최대 40배 낮다고 한다. 고양이의 그르렁거리는 소리는 호흡기 질환에도 도움이 될 수 있다.

동물을 활용한 치료

심리적 어려움이나 정신질환 치료에 동물을 활용하는 동물매개치료animal assisted therapy는 1960년대에 미국의 정신과 의사 보리스 레빈슨Boris Levinson이 최초로 소개했다. 그러나 그 이전부터 환자에게 미치는 동물의 긍정적 영향은 알려져 있었다. 지그문트 프로이트Sigmund Freud 역시 나이가 들어 동물을 좋아하게 되면서 환자와의 상담시간에 애완견 조피를 동반하였다. 심리치료사인 로이스 에이브럼스Lois Abrams는 심리치료 시 강아지를 활용한 경험을 「네 발 달린 치료사: 나의 애완견은 공동치료사Four-legged Therapist: My Dog is My Co-therapist」
라는 제목의 논문으로 소개하였다. 공동치료사인 강아지는
로미오라는 이름의 스패니얼인데, 에이브럼스는 다음과 같
이 쓰고 있다. "4개월에 걸쳐 상담을 진행한 끝에 우리는 해
결하기 어려운 난관에 부닥쳤다. 나는 상담을 받던 커플에게
솔직히 방법을 모르겠다고 말했다. 아직 두 사람이 언급하지
않은 무언가가 있는 게 분명했다. 로미오는 두 사람이 상담
실에 들어 올 때면 두 사람을 반기며 남자의 목을 핥곤 했다.
… 두 사람이 이야기하지 않은 것이 있을 것 같다는 내 말
이 끝나자마자 로미오는 자리에서 일어나 남자에게 달려갔
다. 로미오는 앞다리를 들고 자신을 쓰다듬어달라는 시늉을
했다. 남자는 몸을 숙여 로미오를 쓰다듬다가 갑자기 눈물을
흘리기 시작했다. 몇 분간 정적이 흐른 후 드디어 그 남자는
여자와의 관계에서 느끼는 감정과 두려움을 털어놓았다. 그
날 상담실에서 눈물을 흘리기 전까지 남자는 그녀 앞에서 운
적이 없다고 했다. 그러나 남자의 마음속 방어벽은 천진난만
하고 경계할 필요 없는 강아지에 의해 무너졌다."

동물은 심리치료 시 특히 어린이 환자들과 놀이치료를
할 때 훌륭한 보조원 역할을 할 수 있다. 아이들은 종종 동물

을 자신과 동일시한다. 그리고 동물이 함께 있을 경우 자신을 더욱 잘 표현한다. 심리적 외상을 입은 아이들은 누군가를 신뢰하는 법을 새로 배우고 유대 관계를 새롭게 형성해야 한다. 신뢰 회복은 때로 사람보다 동물을 상대로 할 때 연습하기가 쉽다. 이유는 여러 가지다. 정신적 외상을 입은 아이와 치료를 돕는 강아지 사이에는 위계가 전혀 없다. 또 강아지는 아이에 대한 편견도 기대도 없기 때문에 아이는 강아지에게 훨씬 더 쉽게 다가갈 수 있다. 무엇보다도 대부분의 경우 동물과의 비언어적 소통이 성인인 치료사와의 대화보다 훨씬 더 쉽고 덜 목적지향적이다. 동물이 심리적 안정에 미치는 영향은 생리학적으로도 측정된다. 강아지와 긍정적인 상호작용을 한 후에는 혈압이 낮아지며 혈액 속 스트레스 호르몬인 코르티솔 수치가 떨어진다. 반면 사랑의 호르몬이라 불리는 옥시토신은 분비가 촉진되는데 사람뿐 아니라 강아지의 옥시토신 분비량도 증가하며, 행복 호르몬이라는 별명을 가진 엔도르핀의 분비도 증가한다. 정신적 외상을 입은 아이들에게서도 같은 효과가 나타났다. 아이들이 강아지를 쓰다듬을 때 스트레스 지수가 현저히 낮아졌다. 이를 단순히 플라시보 효과placebo effect라거나 긍정적 상호작용을 경험하게 된 효과라고만 할 수는 없다. 왜냐하면 아이들의 코르티솔 수치는 부드러운 강아지 인형을 가지고 놀거나 친절한 사람과 대화를 나눌 때보다 진짜 개를 쓰다듬을 때 현저히 낮아졌기 때문이다. 개는 통증치료를 보완해주는 데에도 유용하다는 것이 확인되었다. 병원치료 후 이유를 알 수 없는 통증에 시달리던 아이들이 강아지와 시간을 보낸 후 통증이 완화되었다고 보고되었다. 이것은 엔도르핀 분비가 촉진되는 것과 관련이 있을 것이다. 엔도르핀은 인간의 몸이 스스로 생산해내는 모르핀으로 통증을 완화해준다.

동물을 활용한 가장 잘 알려진 치료는 바로 자폐 아동 및 청소년의 치료다. 자폐성 장애 치료에 동물이 효과가 있다는 사실은 다수의 연구를 통해 입증되었다. 자폐아는 다른 사람이나 장난감보다도 강아지와 자신을 더 가깝게 느끼며 강아지가 곁에 있을 때 말을 더 많이 한다. 강아지뿐 아니라, 말이나 당나귀 역시 자폐성 장애가 있는 아이들의 치료에 효과적이다. 치료에 말을 활용했을 때 말과의 상호작용 및 치료효과가 있는 말타기는 사회적 상호작용에 대한 환자의 관심을 높였다.

말은 무리생활을 하는 동물이며 외부 환경으로부터의

다양한 신호에 매우 민감하게 반응한다. 많은 연구보고에서 말이 어린이나 환자와 교감할 때 매우 조심스럽고 예민하게 반응한다고 설명한다. 그렇기 때문에 치료사가 쉽게 전달하지 못하는 안정감을 감정적으로 또 물리적으로 잘 전달한다. 동시에 치료 목적의 말들은 인간의 기분과 태도에 즉시 그리고 직접적으로 반응하기 때문에 어린 환자들은 말의 반응을 통해 자신과 자신의 감정에 대해 알아갈 수 있다. 말과 성공적으로 비언어적 소통을 하기 위해서는 자신감이 있어야 하며 자신의 몸, 태도, 제스처를 스스로 느끼고 인지할 수 있어야 한다. 이러한 것들을 우울증 또는 불안장애가 있는 어린이 및 청소년 환자들이 말과의 상호작용에서 연습하고 배울 수 있다. 환자는 물론이고 건강한 사람들도 마찬가지다.

　동물과의 상호작용이 갖는 이러한 긍정적 영향은 상호작용이 일어날 때 나타나는 옥시토신 분비와 관련이 있다. 그러나 왜 유독 동물을 활용한 치료가 옥시토신 분비량을 늘리는지는 불명확하다. 심리치료를 받는 환자들, 특히 어린이들은 언어보다는 터치를 통해 이루어지는 동물과의 상호작용을 편하게 받아들인다. 전통적인 심리치료는 상담이라는 방식으로 이루어지지만 동물매개치료에서는 말하지 않아도 되는 파트너가 존재한다. 이러한 파트너의 존재가 어린 환자들의 치료에 유리하게 작용한다. 한 치료사는 다음과 같이 설명한다. "청소년들은 가급적 말을 많이 하지 않으려 하고 대신 몸으로 무언가를 하려고 하는 연령대다. 스스로 결정을 내리고, 무엇이든 스스로 해보려고 한다. … 밖으로 나가 다양한 방법으로 실험을 하며 문제를 해결해보는 것은 청소년들에게 해방감을 준다. … 그래서 우리는 청소년 환자들에게 그렇게 해볼 수 있는 공간과 기회를 제공한다. …" 동물과의 상호작용은 몸으로 하는 진짜 경험이며, 사소한 움직임이나 터치도 나름의 변화나 결과를 가져올 뿐 아니라 모든 감각이 포괄적으로 자극을 받는다. 평소 게임이나 유튜브 동영상을 시청하며 오후 시간을 보냈을 청소년이라면 동물과의 상호작용이 더욱 중요한 경험이 될 것이다. 특히 게임이나 동영상 시청 시 촉각과 몸 전체로 느껴지는 느낌은 거의 무시되기 때문이다. 시각과 청각은 쉴 없이 자극을 받지만, 촉각은 거의 자극이 되지 않는다. 행위의 실제적 결과도 중요한 경험이 된다. 게임에서처럼 리셋을 해 모든 상황을 처음으로 되돌려 놓거나 동영상을 시청할 때처럼 원하는 부분을 찾아서 보는 것은 불가능하다. 소리를 지르거나 돌발 행동으로 말을 놀라게 했다면 자신의 행동이 가져온 결과를 해결할 방법을 찾아야 한다. 말을 안심시키기 위해 말을 하고 쓰다듬어주어야 한다. 환자들뿐 아니라 뇌가 발달하고 있는 모든 어린이와 청소년들에게 동물과의 상호작용은 의미가 크다. 우리가 사는 현대, 기술이 지배하는 이 시대에는 터치 감각이 다른 감각에 비해 자극을 덜 받고 있는데, 이것이 뇌의 발달에 어떠한 영향을 미치는지에 대해서는 아직 연구되지 않았다.

끝으로 언급할 중요한 점이 하나 있다. 이 장을 읽은 후 자신의 건강을 위해 키우는 강아지를 열심히 쓰다듬어 주기로 했다면, 바로 실천에 옮기면 된다. 강아지들은 주인이 쓰다듬어주는 것을 좋아한다. 심지어 간식거리나 칭찬보다 더 좋아한다. 강아지를 쓰다듬으면 강아지의 심박수와 혈압 역시 낮아진다. 그러니 동물과의 신체적 상호작용은 양쪽 모두에게 좋다.

사랑과 스킨십

첫 키스를 기억하지 못하는 사람도 있을까? 술자리 게임에서
벌칙으로 억지로 해야 했던 어색하고 불쾌했던 입맞춤이 아
니라 사랑에 빠졌던 사람과의 진짜 첫 키스 말이다. 그 순간
의 떨림과 짜릿함 그리고 행복감을 잊어버리는 사람은 없을
것이다. 첫날밤과 마찬가지로 첫 키스는 우리의 기억에 깊
게 새겨져 그 후에 수없이 많은 키스를 하더라도 그 어떤 키
스와도 비교할 수 없는 특별한 사건으로 기억된다. (그 이후에
한 키스들이 실제로는 훨씬 더 좋았을 확률이 높은데도 말이다.) 첫
키스의 특별한 경험은 두 사람 사이의 관계를 바꾸어 놓는
전환점, 즉 관계를 재정의하는 사건이 되기도 한다.

마리 역시 알렉산더와의 첫 키스를 생생하게 기억한다. 둘은 여유롭게 오랫동안 산책을 했다. 그리고 알렉산더의 집 소파에 앉아 영화를 봤다. 장난을 치다 눈이 마주친 두 사람은 서서히 가까워지더니 첫 키스를 나눴다. 굳이 거창하게 사랑을 고백할 필요가 없었다. 첫 키스라는 생생한 몸짓으로 두 사람은 서로에게 친구 이상의 관심이 있으며 앞으로 더 많은 시간을 함께하고 싶어 한다는 사실을 확인하였다. 마리는 그렇게 알렉산더와 사귀게 되었고 그 순간을 종종 떠올린다. 첫 키스가 전해 준 설렘과 행복감은 마리의 기억 속에 깊이 새겨졌다. 일종의 몸의 기억이라고 할 수 있다. 커플이 된 마리와 알렉산더는 주말이면 종일 침대에서 뒹굴며 영화를 보다가 오래도록 키스를 하고 사랑을 나누곤 했다. 그러나 사귄 지 3년이 지난 두 사람의 주말은 많이 달라졌다. 이제는 한가한 일요일이면 브런치를 먹고 박물관에 가거나 친구들을 만난다. 처음 사귈 때와 비교하면 둘만의 시간, 특별한 계획 없이 함께하는 시간은 별로 없다. 오랜만에 아침 늦게까지 침대에 함께 있어도, 둘은 그 시간을 즐기기보다 각자 머릿속으로 해야 할 일들을 떠올리며 초조해한다. 그리고 서로 스킨십을 나누기보다 이야기를 나눈다. 둘은 이것이 매우 정상적이라고 믿는다. 어느 커플이나 다 그렇다면서 조금은 불안하고 슬픈 마음을 위로한다. 아무리 열정적이었던 커플도 1~2년이 지나고 나면 현실적으로 변한다.

그래서인지 싸움도 잦아진다. 별것 아닌 일에도 의견이 충돌하고 그럴수록 둘 사이가 멀게 느껴진다. 어느 날 저녁 마리는 직장동료들 때문에 스트레스를 많이 받아 우울하고 짜증이 난 채 집에 돌아왔다. 마리는 알렉산더가 자신의 이야기를 진지하게 들어주지도, 마음을 이해하려고도 하지 않는다며 화를 낸다. 반면 알렉산더는 직장에서 받은 스트레스를 괜히 자신에게 화풀이를 하는 마리가 못마땅하다. 알렉산더는 대화 주제를 바꿔 늘 자기가 설거짓거리를 식기세척기에 넣는데 이것은 공평하지 않다고, 앞으로는 마리도 그때그때 설거짓거리를 치웠으면 한다고 말한다. 두 사람 모두 입에서 다정한 말이 나오질 않는다. 기분이 상한 두 사람은 침대의 양 끝으로 멀리 떨어져 잠이 든다.

이런 일은 몇 달 동안 계속되었다. 그렇게 지낸 지 반년쯤 되자 둘은 더는 안 되겠다는 생각에 상담을 받기로 한다. 상담을 받으러 간 두 사람은 의외의 질문을 받고 놀란다. 상담사는 두 사람이 싸우는 이유나 문제 대신 각자 언제 상대로부터 부당하게 대우를 받거나 무시를 당했다고 느끼는지 묻는다. 그는 두 사람의 관계에 대해 구체적으로 무엇을 하며 시간을 보내는지, 얼마나 자주 키스하거나 포옹하고 섹스를 하는지 등을 묻는다. 혹시 잦은 싸움 때문에 스킨십이나 신체적 접촉이 많이 줄어들었는지도 생각해보라고 한다. 상담사는 싸운 후에 서로 꺼안고 키스나 스킨십을 나누면서 화해를 하는 커플이 싸운 후 서로에게 물리적 거리를 두는 커플보다 두 사람 사이의 관계를 더 행복하게 느낀다고 설명한다. 그리고는 두 사람에게 숙제를 내준다. 서로에 대한 사랑을 키스와 쓰다듬기 또는 다른 다양한 신체적 접촉을 통해 표현하라는 것이다. 몇 주간 이렇게 노력해보고 다음 상담에서 이 방법이 효과가 있는지 확인해보자고 한다.

연인 관계에서의 만족

심리학과 신경과학 분야에서는 최근까지 일상적 상황에서 친구나 낯선 사람과의 터치가 불러일으키는 효과와 그 자극이 어떻게 처리되는지에 대해서는 크게 관심을 두지 않은 반면, 남녀 사이의 성적인 터치와 상호작용에 관해서는 많은 연구가 이루어졌다. 이러한 연구들은 육체적 관계의 빈도와 질이 연인 관계에서의 만족도와 관련이 있다는 것을 보여준다. 스킨십 습관, 접촉의 빈도와 질, 그리고 관계에 대한 만족도를 조사한 결과에서 도출된 결론이다. 물론 연인 사이의 스킨십과 만족은 일방적인 것이 아니라 두 사람 간의 상호작용이기 때문에 이러한 결론에 이의를 제기할 수도 있다. 예컨대 알렉산더가 마리를 터치하는 횟수가 줄어들면 마리는 충분히 사랑받고 있지 못하다고 생각하게 되고 둘의 관계에 불만을 품게 된다. 알렉산더와의 관계에 불만이 생긴 마리는 알렉산더에게 예전만큼의 스킨십을 하지 않게 되고 그 결과 더 불만족하게 된다. 그러나 이러한 악순환을 끊어버릴 수 있는 간단한 방법이 있다. 상담사가 두 사람에게 내준 숙제가 바로 그것이다. 의식적으로 포옹하고 키스를 나누는 시간을 늘리는 것이다. 서로를 꼭 끌어안고 상대의 살냄새를 맡고 체온을 느끼다 보면 마음속 긴장과 불만이 녹아내리게 된다. 물론 다투고 나서 먼저 다가가 상대를 끌어안기 위해서는 용기가 필요하다. 아직 화가 나 있는 상대가 자신을 거부할지도 모른다는 두려움을 극복해야 하기 때문이다. 그렇지만 효과가 있는 방법이라는 사실은 누구나 경험을 통해 확인해봤을 것이다. 크게 심호흡을 하고 나면 싸움의 원인이 사소한 일로 보이기 시작하고 마음속 긴장과 함께 (항상 그런 것은 아니지만 대부분의 경우) 화가 누그러진다.

친구 관계와 마찬가지로 연인 관계에서도 터치는 마음을 진정시켜주는 효과가 있고 그 효과는 수치로 측정되기도 한다. 연인이나 배우자의 터치는 심박수와 혈압을 낮춰준다. 사랑하는 이가 터치할 때 스트레스 호르몬인 코르티솔의 혈중농도가 떨어지기 때문이다. 놀라운 것은 터치가 스트레스로 인해 이미 분비된 코르티솔의 양을 줄여 줄뿐 아니라, 스트레스를 받기 전이라도 추후 분비될 코르티솔의 양을 감소시켜준다는 것이다. 연인의 스킨십은 터치 없이 말로만 이루어지는 긍정적인 상호작용보다도 훨씬 효과적이다. 마리가 직장에서 스트레스를 덜 받는 가장 좋은 방법은 출근 전에 알렉산더가 마리를 꼭 안아주고 등을 어루만지며 편안한 마음을 선물하는 것이다.

뇌가 터치 자극을 어떻게 해석하고 어떻게 처리하는지는 누가 터치를 했는지에 달려있다. '우정'에 대하여 다룬 4장에서 터치를 허용하고 긍정적으로 수용하는 것은 터치하는 사람과의 감정적 친밀도에 의해 결정된다고 설명한 바 있다. 낯선 사람보다 가까운 사람이 특별히 애정을 담은 터치를 하기 때문에 더 기분 좋게 느껴지는 것은 아니다. 자신을 터치하고 스킨십으로 애정을 표현하려고 하는 사람이 누구인지에 대한 정보가 먼저 뇌에서 터치 자극의 처리에 영향을 미치고 터치를 어떻게 받아들일 것인지를 결정하기 때문이다. 네덜란드의 한 연구진은 흥미로운 실험을 통해 이 사실을 확인했다. 실험에는 이성애자 남성들이 실험자로 참여하고 두 명의 실험진행자가 투입되었다. 실험진행자 중 한 명은 젊고 매력적인 여자였고 한 명은 평범한 외모의 젊은 남자였다. 실험진행자들은 MRI(자기공명영상) 스캐너에 누워 있는 실험참여자 남성들의 다리를 쓰다듬었다. 실험참여자들은 실험이 진행되는 동안 영상으로 젊은 여자 또는 남자 실험진행자가 자신의 다리를 쓰다듬기 위해 팔을 뻗는 장면을 보고 있었다. 실험참여자들은 누가 자신의 다리를 쓰다듬는지를 영상을 통해 확인하면서 다리에 가해지는 터치 자극을 느꼈다. 실험참여자들은 여자 실험진행자가 쓰다듬을 때 느낌이 훨씬 더 부드럽고 좋았다고 평가했다. 터치 자극에 대한 실험참여자들의 뇌의 반응도 실험진행자의 성별에 따라 차이를 보였다. 남자 실험진행자보다 여자 실험진행자가 다리를 쓰다듬었을 때 일차 체감각피질이 훨씬 활발하게 반응하였다. 그러나 실험참여자들은 남자와 여자 실험진행자 두 사람이 다리를 쓰다듬었다고 착각했을 뿐 실제로는 여자 실험진행자 혼자서 계속 다리를 쓰다듬었다. 여자 실험진행자도 자신이 쓰다듬고 있는 피실험자들이 여자의 영상을 보는지 남자의 영상을 보는지 알 수 없었다. 스킨십의 인지와 신경의 반응과 처리에서 나타난 차이는 실험참여자들의 믿음 혹은 착각에서 비롯된 것이었다. 일차 체감각피질은 원래 터치 자극의 일차적 처리를 담당하는 곳으로 알려져 있기 때문에 이 실험결과는 신경과학적으로 더욱더 흥미롭다. '오감(시각, 후각, 미각, 청각, 촉각)'은 자극별로 일차적 처리가 이루어지는 영역들이 존재한다. 기존의 이론에 따르면 각 감각채널을 통해 수집된 촉각 자극은 일차 체감각피질에서 일차적으로 처리되어 일명 연합피질associative cortex에서 다른 감각 자극과 통합되기 위해 이차 처리가 이루어지는 곳으로 신호가 전달된다. 그러나 앞의 연구에서는 시각 정보와 다리를 쓰다듬은 사람이 누구인지에 대한 예상이 자극의 일차적 처리를 담당하는 이 영역의 활성화 정도를 변화시켰다. 우리가 이미 살펴본 것처럼 자신을 터치하는 사람이 누구인지에 대한 정보가 척수에서 일어나는 터치 자극의 처리 단계에 이미 영향을 미쳤을 수 있다.

사랑하는 연인 사이라도 모든 터치가 은밀한 성적 자극으로 인지되는 것은 아니다. 연인의 터치가 친한 친구의 터치와 유사하게 받아들여지고 성적 유혹이 아닌 존중이나 친밀감의 표현인 경우도 많다. 연인이 서로를 터치하는 횟수는 시간이 지나면서 변하기 마련인데, 마리와 알렉산더도 예외는 아니다. 서로를 알아가는 초창기에는 스킨십의 빈도가 매우 높지만 1~2년이 지나고 나면 터치하는 횟수가 줄어든다. 그러나 앞서 설명한 것처럼 관계에 대한 만족도는 터치의 횟수와 긴밀하게 연결되어 있다. 눈에 콩깍지가 씌어 있는 일명 '허니문' 시기가 지나도 계속 관계에 대한 만족도와 친밀감을 높게 유지하는 효과적이면서도 아주 간단한 방법은 서로를 의식적으로 자주 터치하는 것이다. 시간이 흐르면서 일상에서 사소한 스킨십이 점점 줄기 때문이다. 다행히도 이러한 스킨십은 다시 회복하기 쉽다. 상대방의 손을 잡는 것, 껴안고 등을 쓰다듬는 것, 만나고 헤어질 때 입을 맞추는 등의 터치는 몇 초 밖에 걸리지 않지만 효과는 엄청나다.

마리와 알렉산더는 포옹, 키스, 섹스를 계획해서 한다는 사실에 처음에는 거부감을 느낀다. 서로의 마음에 이끌려 하는 것이 아닌, 약속해서 하는 스킨십은 전혀 로맨틱하지 않을 것 같다. 그러나 무엇이든 습관이 되게 하려면 처음에는 계획을 세워 정기적으로 실천해야만 한다. 운동을 하는 습관을 들이려면 처음에는 언제 어떻게 운동을 할지 계획을 세워 일정에 표시해 놓아야 한다. 그러다가 습관이 되면 굳이 계획을 세우지 않아도 몸에서 운동하고 싶다는 신호가 오게 된다. 매일 아침 출근하기 전 키스하자고 이야기하는 것은 전혀 로맨틱하지 않을 수 있다. 그렇지만 로맨틱하지 않으면 어떤가? 사귄 지 오래된 커플이라면 로맨틱하지 않은 순간들이 훨씬 더 많은 것이 현실이다. 계획하지 않고 분위기나 감정에 이끌려 자연스럽게 이루어져야만 신체적 상호작용이 사랑의 행위로 가치가 있다고 주장할 근거는 없다. 그리고 앞에서 이야기했듯이 터치가 이루어지면 그 터치에 맞는 감정도 금방 다시 생겨난다.

마리와 알렉산더는 각자 어떤 상황에서 다정한 스킨십을 원하는지 그리고 일상 속에서 신체적 접촉을 어떻게 실천할 것인지를 진지하게 논의한다. 두 사람은 평상시 간단한 입맞춤이나 포옹 그리고 사랑을 나눌 수 있는 순간들이 생각보다 많다는 사실을 깨닫는다. 논의 끝에 아침에 집을 나서기 전 키스를 하고 퇴근 후 집에 돌아오면 애정 어린 스킨십으로 서로를 반겨주기로 약속한다. 처음부터 너무 거창한 계획을 세우지는 않기로 한다. 키스와 포옹과 섹스를 어떤 날에, 몇 시에, 몇 번 할 것인지 정하지 않고 우선 몇 주 동안은 출근 전 퇴근 후 약속한 키스를 실천에 옮기기로 한다.

처음에는 약속된 키스를 하는 것이 이상하고 우습기도 하다. 출근 전 키스를 하다가 웃음보가 터지기도 하고 갑자기 십대가 된 것 같은 느낌이 들기도 한다. 하지만 키스를 하다 웃는 것만으로도 둘은 벌써 훨씬 가까워진 느낌으로 기분 좋게 하루를 시작할 수 있다. 마리와 알렉산더는 계획에 따라 키스를 나누는 게 그리 어렵지 않다는 사실을 깨닫고 어느새 일주일이 지난다. 헤어질 때 키스를 하는 게 점점 익숙해지고 습관이 된다. 한번은 마리가 일찍 출근해야 해서 급하게 집을 나서며 아직 샤워 중인 알렉산더에게 "나 먼저 갈게"라고 큰 소리로 인사만 하고 출근을 했다. 그러자 온종일 무언가 허전하고 아쉬웠다. 그날 저녁 둘은 그 어느 때보다도 열정적으로 서로를 껴안고 키스를 하며 재회했다.

키스는 입술끼리 마주 닿는 특수한 형태의 터치다. 따라서 키스를 통해서도 다른 방식의 부드러운 터치가 불러일으키는 것과 유사한 긍정적 효과들을 기대할 수 있다. 3주가 지나 상담을 받으러 가는 마리와 알렉산더는 사이가 확실히 좋아져 보인다. 상담 시간 내내 두 사람은 전보다 훨씬 가까이 앉아 서로의 손을 만지는 등 수시로 스킨십을 하고 눈을 마주친다. 정기적인 키스만으로도 많은 변화가 일어났다.

마리와 알렉산더가 경험한 이 변화는 특수한 사례가 아니며, 애리조나 주립대학교의 코리 플로이드Kory Floyd의 연구 결과와 일치한다. 플로이드는 여러 커플로 구성된 한 집단에게 6주 동안 평소보다 더 자주 그리고 더 길게 키스를 하도록 지시했다. 정확한 실험을 위하여 비교집단을 모집해 비교집단의 커플들을 대상으로도 관계에 대한 만족도를 조사하였다. 6주 후 더 자주 그리고 더 길게 키스를 한 커플들이 그렇지 않은 커플들보다 관계에 대해 더 만족하고 스트레스나 우울감을 덜 느끼는 것으로 확인되었다. 또 키스를 많이 한 사람들은 혈중 스트레스 호르몬인 코르티솔의 양이 줄어드는 것이 확인되었다. 만성 스트레스에 대한 생리적 대응으로 코르티솔이 증가하는데, 그 결과 심혈관계 질환의 발병 및 우울증 위험이 높아진다. 다시 말해 키스를 많이 하는 것은 관계개선 뿐 아니라 자신의 건강을 지키는 데에도 도움이 된다.

이 연구의 결과는 명백하다. 키스를 많이 하는 사람은 배우자나 연인과의 관계에 대해 높은 만족도를 보인다. 키스를 통해 상대로부터 사랑받고 있다는 확신을 갖게 되고 둘 사이의 관계를 더욱 돈독하게 느껴서 그런 것인지, 아니면 키스가 호르몬 분비에 직접적인 영향을 미쳐 스트레스 호르몬인 코르티솔의 혈중 농도를 낮춰 주어서 그런 것인지는 정확하지 않지만 키스가 긍정적 효과가 있는 것만은 확실하다.

에로틱

사랑하는 사람들 사이에는 키스 외에도 다양한 형태의 스킨십이 이루어진다. 어떤 터치라도 상대와 상황이 맞아 떨어지면 에로틱하고 은밀한 스킨십이 될 수 있다. 로맨틱한 조명이 켜져 있는 침실이 아니더라도 충분하다. 지나가다 우연히 순간 스쳤을 뿐인데도 상대방과 묘한 눈빛을 주고받게 되면

에로틱한 순간이 될 수 있다는 사실은 누구나 알고 있을 것이다. 우리가 이미 알듯이 같은 터치라도 어떤 상황에서 일어나는지가 터치를 받는 사람의 느낌을 크게 좌우한다. 병원에서 의사가 자신의 몸을 만지는 것은 아무런 감흥을 불러일으키지 않지만, 평소에 호감을 갖고 있던 이성이 터치한다면 심장이 뛰기 시작할 것이다. 에로틱한 모든 요소 그리고 성적 접촉의 모든 단계는 터치와 관련이 있다. 터치는 상대를 향한 욕망의 표현일뿐 아니라, 때로는 무의식적인 터치가 관심과 열정을 불러일으키기도 한다.

커플이 둘만의 은밀한 시간을 보내는 동안 흥미로운 현상이 나타난다. 바로 성적 흥분으로 인해 피부의 민감도가 변한다. 에로틱한 영화 장면을 볼 경우 평소보다 다양한 종류의 진동 자극에 대해 예민해져 약한 자극도 인지한다는 연구 결과가 있다. 이 연구는 남성 실험참여자만을 대상으로 한 연구였다. 여성을 대상으로 한 유사한 실험에서는 그러한 효과가 나타나지 않았지만 여성 실험참여자의 경우에도 성적 흥분의 정도에 따라 터치를 얼마나 기분 좋게 느끼는지가 달라졌다. 그러나 기대와는 달리 1차 생식기의 자극이 뇌 속 피질하부의 보상중추reward center 활성화와 관련이 있을 것이라는 예상을 명백하게 입증해주는 연구결과는 아직까지 존재하지 않는다. 에로틱한 사진, 영상 심지어 특정 냄새가 복부선조체와 편도체를 활성화시키지만, 항상 직접적인 성적 흥분을 일으키는 것은 아니다. 여러 단서를 근거로 유추해 볼 때, 특히 선조체는 보상(또는 보상감)이 아니라, 보상을 받고자 하는 동기를 담당하는 것으로 보인다. 에로틱한 이미지와 냄새는 '원한다'는 욕망을 불러일으키며 이는 선조체의 활성화로 확인된다.

2009년에 실시된 한 연구에서는 여러 남성 및 여성 실험참여자를 대상으로 파트너로부터 성적 스킨십을 받을 때 활성화되는 뇌 속 영역을 비교하였다. 남성과 여성 모두 일차 체감각피질이 활성화되었다. 이 부분은 모든 종류의 촉각 자극을 일차적으로 처리하는 곳이므로 당연한 현상이다. 그러나 남성과 여성 실험참여자 사이에 그 이상의 공통점은 없었다. 일차 체감각피질을 제외하면 남성과 여성은 뇌의 서로 다른 부분이 활성화되었다. 남성 실험참여자의 경우 무언가를 상상할 때 활성화되는, 시각체계를 담당하는 부위가 강하게 활성화되었다. 이는 남성이 시각적 성적 자극에 더 많은 관심이 있다는 관찰 결과에 부합한다. 여성 실험참여자의 경우 두정피질 즉, 다양한 감각을 통합하고 주의력을 통제하는 뇌 부분이 강하게 활성화되었다. 남녀 간의 이러한 차이는 오르가슴orgasm이 일어나기 전 단계에서만 나타났다. 오르가슴 단계에서는 남성과 여성의 뇌에 차이가 거의 보이지 않았는데 남녀 모두 소뇌가 활성화되고 전두엽피질 및 측두엽피질은 비활성화되었다. 전두엽피질 및 측두엽피질은 일명 신피질neocortex로 진화과정에서 비교적 늦게 그리고 다른 동물에 비해 사람에게 특히 크게 발달한 뇌 부위에 속한다. 전두엽피질은 계획, 합리적 사고, '이성reason' 등과 관련된 곳이다. 평상시 늘 활성화되어 있던 이 부위가 오르가슴 단계에서는 비활성화되어 잠시 휴식을 취한다고 볼 수 있다. 그래서 오르가슴을 느끼고 나면 기분 좋고 상쾌하다고 느끼는 것일지도 모른다?!

한편 이에 대해 비판적 반론이 제기되기도 한다. 자기공명영상MRI 촬영으로 뇌를 관찰하는 상황은 은밀하고도 사적인 공간에서 성관계나 자위가 이루어지는 일반적인 상황과 큰 차이가 있다는 것이다. MRI로 뇌를 촬영하려면 실험참여자는 헤드코일이라 부르는 곳에 머리를 집어넣은 채 등을 바닥에 대고 누워 움직이지 않아야 된다. MRI 스캐너의 튜브

안은 매우 좁고 소음도 크다. 때에 따라서는 호흡 및 심박수를 측정하기 위해 각종 측정 장치를 실험참여자의 몸에 부착하기도 한다. 이런 상황에서 도출된 결과는 외적 타당성이 있다고 보기 어렵다는 것이다. 다시 말해서 그 결과를 다른 상황이나 맥락에 일반화시켜 적용할 수 없다는 것이다. 실험참여자가 이러한 조건 하에서 성적으로 흥분을 하고 심지어 오르가슴을 느꼈다는 것 자체가 사실 신기하다. 어쨌거나 MRI로 관측한 뇌의 활성화 패턴은 침실에서 성관계를 할 때 활성화되는 패턴과 전혀 다를 가능성이 높다. 그래서인지 오르가슴 단계에서 뇌의 활성화에 관한 다양한 연구들은 매우 다른 결과들을 소개한다. 어떤 연구에서는 소뇌만 활성화되는가 하면, 뇌의 전대상피질anterior cingulate cortex과 시상하부 hypothalamus가 활성화되었다고 하는 연구들도 있다.

도대체 무엇 때문에 어떤 터치는 에로틱하게 느껴지는 걸까? 에로틱한 상황에서는 무엇 때문에 신체부위들이 터치에 그토록 민감해지는 것일까? 다수의 근거는 에로틱한 터치가 무엇보다도 C-촉각 섬유에 의해 전달된다고 말한다. C-촉각 섬유는 1초당 1~10cm의 속도로 이루어지는 쓰다듬기 자극을 담당하는데 사람은 이러한 자극을 특히 에로틱하게 받아들인다. 그렇다고 이 속도로 쓰다듬는 행위가 항상 에로틱한 것은 아니다. 우리는 아기나 친구에게도 같은 속도로 쓰다듬고 어루만지곤 한다. 따라서 단순한 쓰다듬기가 성적 터치가 되려면 추가적으로 '에로틱'한 무언가가 전제되어야 한다. 성감대의 특징을 설명하는 어떤 흥미로운 이론에 따르면 뇌의 해부학적 특징이 결정적으로 작용한다고 설명한다. 오래전부터 알려졌듯이 체감각피질 즉, 터치 자극을 최초로 처리하는 뇌의 영역은 국소적topographical으로 조직되어 있다. 다시 말해 뇌의 각 영역들은 각기 다른 신체부위를 담당한다. 그리고 이들 영역은 일정한 순서에 따라 배열되어 있다. 이때 민감한 신체부위들을 담당하는 뇌의 영역들이 상대적으로 넓은데 이는 뇌 속 영역들의 크기에 비례해 해당 신체부위를 표현한 인체 모형 즉, 일명 호문쿨루스homunculus에서 잘 드러난다. 호문쿨루스는 몸집에 비해 거대한 혀, 손, 성기를 가졌다. 호문쿨루스는 남자의 체감각피질에 전기자극을 주어 획득한 데이터를 기준으로 만들어졌는데, 최근 연구 결과들은 여성의 호문쿨루스는 남성을 기준으로 한 기존의 호문쿨루스와는 다른 모습이라고 설명한다. 구체적으로 여성의 클리토리스를 담당하는 뇌 속 영역은 남성의 페니스를 담

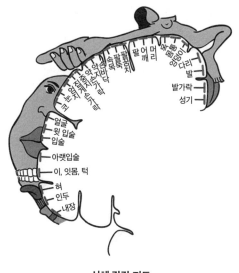

신체 감각 지도
(Somatosensory Map)

당하는 영역과 일치하지 않기 때문이다.

인간의 몸은 뇌의 체감각피질 속 담당 영역의 크기에 비례하지 않을 뿐 아니라, 신체부위의 배열 역시 뇌 속 영역의 배열과 일치하지 않는다. 얼굴을 담당하는 뇌 속 영역은 손을 담당하는 영역 바로 옆에 위치한다. 성기를 담당하는 영역 옆에는 발을 담당하는 영역이 있다. 이 때문에 발이 다른 신체부위보다도 성적으로 예민할 것이라는 유명한 가설이

탄생했다. 발을 자극하면 발을 담당하는 뇌 속 영역이 활성화되다가 바로 옆에 있는 성기를 담당하는 영역까지 활성화될 수 있다고 전제한 가설이다. 발이 실제로 중요한 성감대일까? 대학생을 상대로 실시된 설문조사 결과는 그렇지 않다고 말한다. 설문에 참여한 사람들은 입과 입술이 성적으로 가장 예민한 부분이며, 그다음으로 목의 옆쪽, 가슴, 허벅지 안쪽 그리고 귀라고 답하였다. 발은 설문결과 성감대로서 여성의 경우 29위, 남성의 경우 28위를 차지했다. 이 조사를 통해 남녀가 생각하는 주요 성감대가 다르지 않다는 사실도 밝혀졌다. 남자는 성기penis가 유일한 성감대지만 여자는 다수의 성감대를 가졌다는 속설도 틀린 것으로 드러났다. 700명 이상이 참여한 이 조사는 주로 영국사람을 대상으로 하였고, 사하라 사막 이남의 아프리카 출신 사람들도 참여하였다. 출신지역은 어떠한 신체부위를 성감대라고 답하는지에 아무런 영향을 주지 않은 것으로 보인다. 따라서 성감대는 문화적 영향을 거의 받지 않는다고 볼 수 있다. 어째서 특정 신체부위가 유독 성적으로 민감한가라는 질문에 대해서는 그 어떤 연구도 만족스러운 답변을 주지 못하고 있다.

사랑의 호르몬 옥시토신

터치, 키스 그리고 섹스는 '사랑의 호르몬'인 옥시토신의 분비를 촉진한다. 옥시토신이 부모와 아이 사이의 유대감이나 연인 사이의 친밀함과 깊은 관련이 있다는 사실은 앞에서 설명하였다. 그런데 옥시토신이 우리의 행동에 미치는 영향은 훨씬 다양하고 크다. '사랑의 호르몬'이라는 표현은 극도로 복잡하고 부분적으로는 아직 명확하게 밝혀지지 않은 옥시토신의 기능을 매우 단순화시켰다고 할 수 있다. 그렇다고 해서 이 별명이 아무렇게나 붙은 것은 아니다. 옥시토신은 오르가슴을 느낄 때, 출산할 때 그리고 수유할 때 대대적으로 분비된다. 옥시토신은 분만을 유도하기 위한 일종의 분만촉진제로 주사되기도 한다. 갓 아기를 낳은 산모는 아기의 울음소리를 듣거나 심지어 아이를 떠올리기만 해도 체내에서 옥시토신이 분비되어 젖이 돌기 시작해 수유할 준비가 된다. 모유수유를 해본 엄마라면 아기가 근처에 있기만 해도 모유가 새는 경험을 해 봤을 수 있다. 다른 '이유로' 옥시토신이 분비되더라도 같은 효과가 나타날 수 있다. 예를 들어 아이에게 젖을 먹이는 산모가 남편과 은밀한 성적 교감을 할 경우 갑자기 젖이 돌기도 한다.

옥시토신이 다양한 행동방식에 얼마나 크게 영향을 미치는지는 동물실험을 통해서도 확인되었다. 쥐의 유전자를 조작하여 옥시토신이 분비되지 않게 하자, 예상대로 암컷 쥐가 모유를 생산하지 못하였다. 이 쥐들에게 인위적으로 옥시토신을 주입하자 행동이 변했다. 이 쥐들은 앞발로 얼굴을 문지르고 몸이나 꼬리를 핥으면서 자기 몸을 닦기 시작했다. 이러한 행동을 '그루밍grooming'이라 부르는데, 어미 쥐가 새끼들을 보살필 때와 스스로 위생관리를 할 때 하는 행동이다. 옥시토신이 분비되지 않으면 또 다른 문제들이 발생한다. 유전자 조작으로 인해 옥시토신이 분비되지 않은 쥐들은 정상 쥐에 비해 겁이 많고 쉽게 스트레스를 받는다. 옥시토신은 단순히 짝짓기나 새끼를 키우는 데 필요한 행동과 관련되는 것에 그치지 않는 듯하다. 옥시토신 부족은 쥐의 행동 전반을 변화시켰다. 이러한 현상에 대한 다른 해석으로 무리를 지어 사는 쥐는 다른 쥐들과 유대감이나 친밀함을 느끼기 위해 옥시토신을 필요로 한다는 설명도 가능하다. 만약 이러한 감정을 느끼지 못할 경우 쥐들은 예상치 못한 상황이 발생할 때 훨씬 더 불안해하며 겁을 먹는다. 모유수유를 하는 엄마들도 이 가설을 뒷받침하는 이야기를 한다. 아이에게 젖을 먹일 때 아이와의 유대감이 극대화되는 느낌을 받는다고 한다. 성관계 직후에도 비슷한 경험을 한다. 파트너와의 관계가 더 돈독해지고 더 가까워진 기분을 느낀다. 이 모든 것은 옥시토신의 양이 증가했기 때문이다.

옥시토신은 터치와 긴밀하게 관련되어 있다. 원숭이나 쥐의 경우 서로 털을 고르거나 핥아준 직후 혈중 옥시토신의 양이 증가한다는 사실이 확인되었다. 침팬지는 둘 사이에 친분과 우정이 존재하는 경우에만 그러한 효과가 나타났다. 다시 말해 옥시토신의 효과 역시 서로의 관계에 의해 좌우된다. 앞서 애완동물을 쓰다듬을 때 옥시토신이 분비된다고 했는데, 사람과 사람 사이의 터치에서도 옥시토신의 분비는 촉진된다. 한 연구에서는 커플들에게 '경청하는 터치listening touch'라는 것을 가르쳤는데, 바로 터치를 통해 상대방의 기분과 상태를 파악하는 방법이다. 4주 동안 정기적으로 이 방법을 사용해 상대방에게 집중하며 사랑을 담은 터치를 실천한 커플들은 체내의 옥시토신 양이 증가해 있었다. 동시에 스트레스의 정도를 측정하는 기준이 되는 침 속 알파-아밀라아제의 양은 줄어 있었다.

모두 설명할 수 없지만 옥시토신은 여기에서 설명한 효과뿐만 아니라 다른 긍정적 효과들도 있다는 사실을 언급하고 싶다. 체내 옥시토신의 양이 증가한다고 해서 세상 모든 사람이나 모든 주변 동물들에 강한 유대감을 느끼게 되는 것은 아니다. 그래서 옥시토신은 단순하게 사랑의 호르몬이나 유대감의 호르몬이 아니며 그 효과는 매우 복합적인 패턴에 따라 나타난다. 침팬지의 경우 친분있는 침팬지가 털을 고를 때만 옥시토신 분비가 이루어지듯이 사람 역시 상황과 상호작용을 하는 대상과의 관계가 옥시토신의 효과에 영향을 미친다. 예를 들어 남성 실험참여자들에게 코 스프레이를 이용해 옥시토신을 주입하였다. 그러자 이 남성들은 다리를 쓰다듬은 여성 실험진행자의 터치를 이전보다 훨씬 긍정적으로 평가하였다. 하지만 남성 실험진행자가 다리를 쓰다듬었을 때는 옥시토신이 아무런 효과를 발휘하지 못했다. 커플을 대상으로 실시된 한 실험에서도 유사한 결과가 도출되었다. 연인이 쓰다듬을 경우에 느끼는 편안함의 정도가 옥시토신의 주입으로 매우 높아졌지만 낯선 사람이 터치할 경우에는 그러한 효과가 나타나지 않았다. 앞서 설명한 친밀감 역시 그룹별로 다를 수 있다. 사람들은 옥시토신의 분비량이 증가하면 친한 사람에 대해 보다 강한 호감이나 유대감을 느끼지만 자신이 속한 '무리'에 속하지 않은 사람에 대해서는 더 공격적인 태도를 갖게 된다. 낯설고 위협적인 환경에 처한 경우에도 마찬가지로 옥시토신의 증가가 공격성을 높였다. 따라서 옥시토신을 물에 타 사람들에게 먹인다고 모두가 서로를 더 다정하고 따뜻하게 대해주기를 기대할 수는 없다. 그러한 시도는 오히려 이해집단 간 갈등을 악화시킬 것이다. 옥시토신을 인간의 공존을 위한 만병통치약으로 사용하기 위해서는 옥시토신이 제 기능을 발휘할 수 있게 먼저 모두가 강한 유대감 및 연대감을 가져야 한다.

그러나 마리와 알렉산더에게는 옥시토신이 실제로 만병통치약의 효과가 있다. 친하고 가까운 사람들 사이에서는 옥시토신이 친밀감을 강화시켜주는 긍정적인 효과가 있다. 빈번한 터치와 키스를 통해 두 사람은 더 가까워지고 더 강한 유대감을 느끼게 된다. 놀랍게도 옥시토신의 효과는 스스로 강화된다. 터치가 자주 이루어질수록 친밀감은 커진다. 마리와 알렉산더는 다시 서로가 매우 친밀해진 기분을 느끼며 더욱 자주 터치를 한다. 그 결과 옥시토신의 분비가 더욱 촉진된다. 그리고 둘의 관계는 더욱 돈독해진다. 옥시토신은 소속감을 높여주는 효과가 있기 때문에 외부인은 끼어들기가 더 어려워진다. 진지하게 사귀는 여자친구가 있는 남성 이성애자들이 참가한 한 실험에서는 실험참여자들에게 코 스프레이로 옥시토신을 분사하자 이 남성들이 매력적인 여성에 대해서 평소보다 더 큰 물리적 거리를 두었다.

오랜 시간 함께 산 부부나 커플의 경우처럼 옥시토신 수치가 장기간 높게 유지되면, 학습능력이 높아지고 통증에 대한 저항력이 향상되고 심지어 상처가 치료되는 속도가 빨라진다. 흔한 정신질환의 치료에도 옥시토신은 도움이 된다. 자폐성 장애, 조현병, 우울증, 불안증, 알코올 중독 치료 시 옥시토신이 효과가 있다는 보고들이 있다. 이러한 질병과 터치의 관계에 대해서는 다음 장에서 살펴볼 것이다. 오랜 시간 같이 산 배우자나 연인이 없는 사람이라도 옥시토신 수치를 높이고 옥시토신이 선사하는 건강증진 효과를 누릴 수 있다. 부드러운 터치뿐 아니라 마사지, 온기, 향기, 부드러운 조명 그리고 심지어 노래 부르기도 옥시토신 분비를 촉진한다. 이렇다면 옥시토신을 '웰빙 호르몬'이라 부르는 게 더 적절하지 않을까?

터치와 질병

사람은 청각이나 시각 없이 태어날 수는 있다. 그렇지만 촉각이 없는 사람은 없다. 이 사실을 잘 알고 있었던 그리스의 철학자 아리스토텔레스는 '영혼론De Anima'에서 다음과 같이 표현했다. "촉각이 없으면 인지감각도 존재할 수 없다. ⋯ 따라서 생명체는 인지감각을 상실한다면 죽게 되는 것이다." 생명체들에게 터치 감각은 주변 환경과 상호작용을 하기 위해 필수적이다. 드물지만 통증을 느끼지 못하는 사람들이 있는데, 이들은 자신의 의도와 상관없이 계속해 다친다. 우리가 위험을 피하는 행동을 배우기 위해서는 경고 신호로서 통증을 느낄 수 있어야 한다.

물론 감각 뉴런들 즉, A-섬유들이 손상을 입거나 A-섬유로부터 정보를 받아 전달하는 척수 속 뉴런들이 손상을 입을 수도 있다. 이런 경우에는 원래 가지고 있던 촉각이 사라져버려 극단적 제약에 시달리는 삶을 살아야 한다. 이미 살펴보았듯이 A-섬유를 통해 우리는 어떠한 물체의 표면, 윤곽선 등을 매우 정확하게 파악할 수 있다. 반면 사회적 터치의 인지는 C-촉각 섬유가 담당한다. (A-섬유가 손상을 입어) C-촉각 섬유만 제 기능을 하는 경우에는 자신이 인지한 터치를 정확하게 이해하지도 설명할 수도 없게 된다. 자극의 원인을 구체적으로 파악하기도 어렵고, 의식적으로 떠올리기 어렵다. 연구보고들은 C-촉각 섬유만 기능하는 사람들의 경우 통증이나 간지러움 같은 느낌을 느끼지 못하고, 어딘지 모르게 편안한 느낌을 받는다고 말한다. 이런 환자들은 C-촉각 섬유의 기능을 조사할 수 있는 좋은 조건을 갖추고 있기 때문에 연구자들에게는 매우 흥미로운 대상이다. 앞서 설명한 것처럼 C-촉각 섬유가 활성화될 때에는 뇌섬이 활성화된다. 뇌섬은 터치 감각을 처리하는 영역일 뿐 아니라 다수의 복합적인 기능을 담당하는 뇌의 부분이다. 뇌섬은 조현병, 불안장애, 외상 후 스트레스 장애와 같은 수많은 정신질환과 관련이 깊은 것으로 알려져있다. 촉각과 터치 감각이 우리 인간에게 매우 중요한 역할을 하기 때문에 정신 장애에서 촉각과 터치 감각이 어떤 방식으로든 영향을 주고받는 것은 분명하다. 그러나 이상하게도 이 문제를 다루는 연구는 그리 많지 않다.

한 연구결과에 따르면 정신질환이 있는 사람들은 건강한 사람들에 비해 사회적 터치를 덜 편안하게 받아들인다고 한다. 또, 가까운 동료들과의 스킨십 횟수도 일반인들보다 현저히 낮다는 사실도 확인되었다. 대부분의 건강한 사람들은 하루에 10회 이상 터치된다고 답했지만, 정신질환이 있는 사람들은 평균 5회 정도만 터치되고 심지어 조사에 참여한 정신질환이 있는 사람의 약 1/8은 스킨십을 일주일에 1회 미만으로 경험한다고 답하였다. 정신질환이 있는 사람들의 경우 터치를 편안하게 느끼지 않기 때문에 신체적 접촉을 피하다 보니 이러한 결과가 나타나는 것이다. 반대의 경우도 생각해볼 수 있다. 정신질환이 있는 사람들은 터치되는 횟수가 적고 그에 익숙해지면서 터치가 빈약한 상황을 오히려 일상적이고 정상적인 것으로 여기기 때문에 터치가 편하지 않고 심지어 불편하기까지 한 것이다. 아직은 이러한 인과관계에 대한 조사가 자세히 이루어지지 않았다.

정신질환이 있는 사람들은 대체로 고립된 생활을 하며 다른 사람들에게 외면을 당하거나 스스로 다른 사람들을 피한다. 그러다 보니 다른 사람과의 터치 횟수가 건강한 사람에 비해 적을 수밖에 없다. 이러한 터치의 결핍은 정신질환이 있는 사람들에게 불리하게 작용할 것이다. 정신질환이 있는 사람들이 주변 사람들과 신체적 접촉을 충분히 혹은 아예 경험하지 못하게 되면 고립과 사회적 관계의 문제들이 계속해 반복되는 악순환이 시작된다.

조현병과 터치

많은 정신질환은 대부분 자기인식이나 자기개념의 변화와 관련이 있으며, 이는 종종 사회적 접촉과 관련이 있다. 대표적인 예가 조현병이다. 일반적인 편견과 달리 조현병 환자들은 지킬 박사와 하이드처럼 서로에 대해 전혀 모르는 분열된 두 개의 인격을 가진 (분열성 인격장애) 환자들이 아니다. 일명 조현병의 양성증상(긍정적인 증상이란 뜻이 아니라, 기쁨이나 의

욕 등이 사라지는 음성증상과 반대로 다양한 현상들이 추가된다는 의미에서 양성이라 한다.)에는 환각과 망상이 대표적이다. 환각은 우리가 흔히 알고 있는 환청 증상으로 나타난다. 망상은 자신이 나폴레옹이라고 믿는 것과 같은 온갖 종류의 형태로 나타날 수 있다. 서양 문화권에서 조현병 환자들은 감시당하는 느낌을 받는 박해 망상이나 거대한 음모에 빠진 듯한 망상을 자주 겪는다. 다양한 형태의 망상이 갖는 공통점은 일명 자기참조self-reference 성향이 강해진다는 것이다. 세상 사람이 모두 **나**를 지켜보고 있고, 뉴스를 진행하는 아나운서조차 **나**에게 어떤 메시지를 전하려 하며, 정부도 **나**를 특별한 관심 대상자로 여기고 제거하려 한다는 식의 착각에 빠지는 것이다. 환자가 속한 문화권에 따라 망상의 내용들이 차이를 보인다는 점은 흥미롭다. 서양 문화권의 환자들은 주로 세상이 자기중심으로 돌아가며 주변에서 들려오는 모든 소리가 위협적이라고 말하지만, 가나 출신의 환자는 자신을 보호하려는 선조들의 선한 영혼의 이야기가 들린다고 보고하며 자신을 환자라 생각하지 않았다.

조현병 환자들의 사회적 터치에 관한 연구는 지금까지 별로 이루어지지 않았지만 이에 대한 한 연구에서는 환자들이 손을 터치하는 영상을 볼 때와 실제로 터치를 경험할 때 뇌의 활동을 비교하였다. 그 결과 뇌의 한 부위가 특별히 강하게 활성화되는 것을 확인할 수 있었다. 바로 뇌섬이었다. 뇌섬은 터치나 통증 자극을 인식할 뿐 아니라, 신체내부감각의 처리 등과 같은 매우 복합적인 프로세스에 관여한다. 신체내부감각이란 '신체 내부로 향하는 감각' 또는 '신체 내부에서 오는 느낌에 대한 인지'를 의미한다. 신체내부감각은 모든 육체적 인식을 포괄하지만, 분위기와 감정에 대한 인식도 포함한다. 그래서 뇌섬은 '의식의 자리'라고도 불렸다.

건강한 실험참여자들은 실제로 손을 터치했을 때 뇌섬의 활동량이 커졌다. 그다음에 손을 터치하는 영상을 보여주자 뇌섬의 활동량이 다시 줄어들었다. 조현병 환자들은 실제로 손을 터치했을 때 뇌섬의 활동량이 커졌지만 그다음에 영상을 보여주어도 뇌섬의 활동량은 변하지 않았다. 조현병 환자들의 경우 자기 자신과 다른 사람들 간의 구분이 분명하지 않다는 것을 의미하는 현상이다. 연구자들은 또한 환자들에게서 복부 전운동피질ventral premotor cortex의 활성 정도가 떨어지는 현상도 발견하였는데, 이는 조현병 환자들이 다양한 감각적 자극(이 실험에서는 시각과 촉각 자극)을 건강한 실험참여자들만큼 효과적으로 통합시키지 못한다는 것을 의미한다. 다양한 감각의 통합은 신체적 자기를 제대로 인식하기 위해 반드시 전제되어야 하는 능력이다. 예를 들어 뇌가 자신의 손을 볼 때 느끼는 시각적 자극과 자기 손의 느낌을 통합해야만 자신이 보고 있는 손이 자기 신체의 일부임을 인식하게 된다. 이 메커니즘이 제대로 작동하지 않으면 자기 손을 보고 움직이면서도 그 손이 자신의 손이며 자신의 움직임이라고 정의하지 못하게 된다. 조현병 환자들은 이러한 인식의 왜곡을 종종 경험한다. 그리고 이는 조현병 환자들이 겪는 환각의 원인이 될 수도 있다. 예를 들어 자신의 목소리를 들으면서도 그 목소리를 '자신의 것'으로 분류하지 못하면 그 목소리가 도대체 어디서 들려오는지를 묻게 된다. 마찬가지로 자신을 터치하면서도 그것이 자신의 움직임과 그로 인한 감각이라는 사실을 결합해 파악하지 못한다. 1990년대에 실시된 한 연구에서는 조현병 환자들의 경우 간지럼 효과tickle effect가 나타나지 않는다는 사실이 확인되었다. 간지럼 효과란 보통 사람들의 경우 스스로 자신을 간지럼을 태울 경우 간지러움을 느낄 수 없는 현상을 설명한다. 스스로 자신을 터치하는 자극은 인지되지 않거나 아주 약하게 인지되기 때문이다. 그러나 조현병 환자들은 스스로 간지럼을 태우면 다른 사람이 간지럼을 태우듯 간지러움을 느낀다. 스스로 일으킨 감각 자극을 억제하는 메커니즘이 제대로 작동하지 않았기 때문이며, 그 결과 자기개념도 변하고 환청이 들리는 등 설명할 수 없는 상황들이 발생하는 것이다. 조현병 환자들은 머릿속 생각들도 자기 생각으로 분류하는 것이 어렵다 보니, 자기 생각도 누군가에 의해 통제된다고 느끼는 것이다. 뇌는 항상 자신이 느끼고 있는 바를 이해하려 하고 인식된 모든 자극의 원인을 찾으려 하는데 조현병 환자들은 자신이 야기한 자극이나 자기 생각을 설명하기 위해 망상에 빠지게 되는 것이다.

자폐와 터치

자폐성 장애 환자들 역시 사회적 상호작용 능력이 제한되어 있다. 자폐성 장애 환자들이 터치에 대해 어떻게 인식하는지에 관한 연구는 조현병 환자보다 훨씬 많다. 자폐성 장애 환자들은 자신을 터치하는 것을 별로 좋아하지 않는다. 터치에 예민하기 때문이다. 즉, 인지에 대한 역치(생물체가 자극에 대해 반응을 일으키는데 필요한 최소한의 자극의 세기-옮긴이)가 낮기 때문이다. 같은 강도의 터치라도 자폐성 장애 환자들은 일반인보다 훨씬 강한 자극으로 느끼기 때문에 그것을 불편하게 받아들이는 것이다. 반면 자폐아동들은 이불로 몸을 돌돌 마는 것을 편안하게 생각한다. 부드러운 압력의 마사지는 진정시키고 평정심을 불러일으키는 효과가 있다.

자폐성 장애가 있다고 해서 모두가 같은 증상으로 나타나는 것은 아니다. 상대적으로 약한 증상을 과거에는 아스퍼거 증후군이라 불렀다. 현재 정신의학에서는 자폐성 장애나 아스퍼거 증후군 모두 "자폐스펙트럼장애"로 분류한다. '지극히 정상적인' 사람들에서부터 시작해 심각한 정신질환에 이르는 스펙트럼 개념은 비교적 새로운 접근방식이며 조현병 등과 같은 다른 정신질환에도 적용되고 있다. 이 모델에 따르면 꼭 자폐성 장애라고 불리지 않더라도, 행동 양상이나 특징을 볼 때 자폐 성향이 강한 사람도 존재할 수 있다. 문진표를 작성하게 하면 이러한 특징들을 쉽게 파악할 수 있다. 예를 들어서 "나는 기필코 달성하고 싶은 관심사가 있다", "나는 무언가를 혼자서 하기보다 다른 사람들과 함께 하는 것을 좋아한다", "나는 잡담이나 수다 떠는 게 어렵지 않다", "나는 일상적으로 반복되는 루틴이 깨지더라도 초조해하지 않는다" 등과 같은 질문을 통해서 말이다. 설문조사에 참여하는 사람은 각 설문에 대하여 1~5의 척도로 해당 진술이 자신과 얼마나 부합하는지를 답해야 한다. 값이 클수록 '자폐 성향'이 강한 것이다. 그리고 그런 사람일수록 대인 관계에서의 접촉을 덜 편안해 하며, 누군가가 자신을 만지거나 자신이 누군가를 만지는 일이 드물다고 한다. 터치의 처리에 관한 한 연구에서는 이러한 사람들의 뇌에서 다른 사람들에 비해 덜 활성화되는 두 개의 영역이 있음을 밝혔다. 바로 터치를 긍정적으로 받아들일 때 활성화되는 안와전두피질orbitofrontal cortex과 사회적 맥락과 소통의 처리에 있어서 중요한 역할을 담당하는 상측 두구superior temporal sulcus다.

자폐성 장애 환자의 사회성 문제와 터치에 대한 과도한 민감성 사이에 실제로 관계가 있다 하더라도, 무엇이 원인이고 결과인지는 명확하지 않다. 쥐를 대상으로 진행된 최근의 한 연구에 따르면 촉각에 대한 과도한 예민성이 실제로 행동이상보다 먼저 나타났다. 이 연구에서는 자폐성 장애 환자와 일반인이 차이를 보이는 Mecp2 유전자와 Gabrb3 유전자를 변형한 쥐가 사용되었다. 유전자 변형 쥐는 체감각 뉴런의 기능 이상이 나타날 뿐 아니라 터치에 과도하게 예민한 반응을 보이며 전체적으로 일반 쥐보다 불안해하고 다른 쥐들과의 사회적 상호작용에 관심이 덜했다. 예를 들어 다른 쥐에 대해서도 컵에 대해 보이는 정도의 관심만 보일 뿐이었다. 쥐 같은 사회적 동물에게는 매우 특이한 현상이다.

과도한 예민성이 터치를 불편하게 느끼게 할 수 있다는 사실은 충분히 이해할 수 있다. 만약 아직 말을 배우기 전인 유아가 터치에 너무 예민하게 반응하여 터치를 꺼리고 피하려고 소극적으로 행동한다면 사회적 관계와 상호작용을 배울 수 있는 중요한 시기를 놓치게 된다. 우리는 이미 터치가 영유아기 발달에 얼마나 중요한지를 살펴보았다.

자폐성 장애가 있는 동물학자인 템플 그랜딘Temple Grandin 의 이야기는 2010년 영화 「템플 그랜딘」으로도 제작되었는데, 그녀는 자신의 경험을 다음과 같이 썼다. "속치마가 간지럽기도 하고 따가워서 교회에서 종종 이상한 행동을 했다. 교회에 갈 때 입는 옷은 평상시 입는 옷과는 느낌이 달랐다. 사람들 대부분은 다양한 옷과 그 옷이 주는 느낌에 금방 적응하지만 나는 여전히 새로운 종류의 속옷에 도전하지 못한다. 새로운 질감의 옷에 적응하기까지 삼사일은 걸린다. …
내 피부에 분포된 신경의 말단들은 극도로 예민하다. 다른
사람에게는 별 의미 없는 자극들이 나에게는 거의 고문과 같
다." 그랜딘은 누군가 자신을 안았을 때, 안는 강도나 시간을
스스로 통제할 수 없어 겁이 나고 당혹스럽다고 설명한다.
18세가 되었을 때 그랜딘은 몸을 압박하되 압력의 세기를
조절할 수 있는 '압박기계squeeze machine'를 만들었다. 그녀에
게는 획기적인 발명이었다. "압박기계를 사용하기 시작한 후
나를 대하는 샴고양이의 반응이 달라졌다. 예전 같으면 내
앞에서 도망쳤을 것이다. 압박기계를 사용하면서 고양이를
부드럽게 쓰다듬는 법을 배웠고 고양이도 내 곁으로 와 앉았
다. 고양이에게 편안함을 선사하기에 앞서 나는 스스로 편안
함을 느낄 수 있어야 했다. … 동물을 대상으로 연구를 하며
나는 동물과의 접촉을 통해 그들에게 점점 더 공감할 수 있
게 되었다. 소를 쓰다듬고 터치하면서 소들도 나를 훨씬 편
안하게 느낀다는 인상을 받았다." 이렇듯 터치와 공감의 관
계는 두 가지를 모두 당연하게 여기지 못하는 사람을 통해
더욱 뚜렷하게 드러난다. 그녀는 "공감능력의 결핍은 부분적
으로 터치와 친밀한 촉각적 자극의 부족 때문"이라고 말한

다. 그랜딘의 경험은 과도한 예민함으로 인한 기피withdrawal 가 눈에 띄는 행동 문제들의 근본적인 원인임을 증명해주기도 한다. "감각적 자극이 제한되는 방식으로 사육되는 동물들은 과잉행동이나 자해 등과 같은 전형적인 자폐 증상을 보인다. 어째서 자폐성 장애 환자와 철창에 갇혀 있는 사자가 같은 증상을 보이는 것일까? 나는 나 자신의 경험을 토대로 다음과 같이 설명할 수 있다. 주로 청각적 자극과 촉각적 자극을 감당하기 어려워하는 나는 모든 감각적 자극으로부터 도망치고 움츠러들다 보니 감각적 자극이 매우 제한되었다. 내가 아기였을 때 자주 몸이 굳어지거나 어디론가 숨어버리곤 했다고 어머니는 말한다. 그러다 보니 정상적인 발달에 필수적이며 안정감을 주는 터치를 충분히 경험하지 못하였다. … 만약 어린 시절 더 많은 스킨십을 경험했었더라면 훨씬 '과잉hyper'이 덜하지 않았을까 하는 생각을 해본다." 그랜딘은 영유아의 뇌는 발달중이기 때문에 감각적 자극이 충분히 주어지지 않은 환경에서는 자폐아동의 뇌 발달이 느려지거나 정상적으로 발달하지 못하게 된다고 설명한다. 사회적 상호작용의 제한은 결국 과민성의 결과라 할 수 있다. 그랜딘은 터치에 예민하게 반응하는 아이들을 조심스럽게 그리

고 충분한 시간을 들여 둔감화desensitization시키는 방법을 제
안한다. 마치 '동물을 길들이는 것'처럼 말이다. 그러면 사회
적 상호작용에서의 추가적 문제들을 피하거나 적어도 줄일
수 있을 것이다. 일종의 터치 훈련을 통해 부모는 자폐아동
이 받아들일 수 있는 특별한 방식의 접촉을 배울 수도 있다.

ADHD와 터치

자폐가 아닌 아동도 특정한 터치 자극에 과민반응을 보인
다. 이는 (ADHD로 알려진) 주의력결핍 및 과잉행동장애의 증
상이기도 하다. 템플 그랜딘이 설명한 것처럼 과민성은 흔히
설명할 수 없는 이상 행동으로 이어진다. 옷이 간지럽거나
따가우면 아이는 계속 집중하지 못하고 가만히 앉아있지도
못한다. 그러면 부모는 아이의 태도에 화가 나 야단을 치게
된다. 아이는 대부분의 경우 자신의 느낌이나 상태를 제대
로 설명하지 못하거나, 몸을 계속 움직이고 싶은 충동과 티
셔츠 안쪽에 달린 라벨이 피부에 닿을 때의 까슬까슬한 느낌
사이의 연관성을 이해하지 못한다. 그러다 보니 오해와 갈등

은 불가피하다. 감각이 과민한 아이들은 특정 음식을 먹을 때 입안이 불편해져 그 음식을 거부하기도 한다. 치약의 거품이나 칫솔의 느낌을 견딜 수 없어 양치질을 할 때마다 고문을 당하듯 괴로워하기도 한다. 그러나 아이가 그러한 증상을 보인다고 해서 무조건 정신적 장애가 있는 것은 아니다! 아이들의 뇌는 '외부로부터 오는' 모든 자극에 적응하는 과정을 거치기 때문에 성인보다 예민하다. 다수의 아이가 식감이 독특한 버섯을 싫어하는 것도 바로 이런 이유 때문이다. 버섯을 거부한다고 해서 아이가 자폐성 장애나 ADHD인 것은 아니다. 특정 자극에 대해 보통의 아이들에게서도 나타날수 있는 예민한 반응 외에 또 다른 증상들이 보인다면 물론 정확한 진단이 필요할 것이다. 내 경험상 부모들은 이해할 수 없거나 받아들이기 어려운 아이의 행동에 대하여 확실한 진단을 받으면 드디어 이상 행동의 원인을 찾고 치료를 시작할 수 있다는 사실에 안도한다. 이에 대한 치료는 예컨대 '감각 통합치료sensory integration therapy'의 형태로 이루어질 수 있다. 이 방법은 다양한 감각을 자극하면서 협응장애coordination disorder와 과민증hypersensitivity을 치료하는 데 도움이 된다. 템플 그랜딘이 제안한 둔감화 방법과 유사한 것이다. 겉으로 봤을 때는 그네타기, 클라이밍 또는 체조 동작 같은 평범한 아이들 놀이의 특성을 보이는 동작들이 동원된다. 이때 치료사는 아이에게 맞는 강도로 자극을 조절해 과도한 자극은 방지하면서 감각 자극의 처리를 촉진하는 훈련을 가능케 해준다. 이 치료가 도움을 준다고 주장할 만한 근거들이 다수 존재하기는 하지만 증거가 완벽하지는 않다.

터치—공감각

터치-공감각을 가진 사람들은 다른 사람이 터치를 받는 것을 보면 자신의 몸이 터치되는 느낌을 받는다. '공감각 synesthesia'이란 신경과학에서 다양한 감각적 자극이 혼합되는 것을 말하는데, 예를 들어 음악을 들으면 색깔이 눈에 보이는 것이다. 이때 특정한 음은 특정한 색과 연결이 되어 있다. 문자-색 공감각이라면 A가 파랑, B가 노랑, C가 보라와 연결되듯 모든 문자가 특정 색과 연계된다. 이렇게 되면 문자를 읽거나 볼 때 색이 연상되는 현상을 억제할 수 없다. 터치-공감각의 경우도 마찬가지다. 터치-공감각 능력이 있는 사람은 우수한 공감능력을 갖고 있어서 다른 사람의 기분을 일반인보다 훨씬 잘 알아차린다. 터치와 감정 사이에 특별한 관련성이 있다는 사실을 뒷받침해주는 현상이기도 하다. 터치-공감각이 정확히 어떤 메커니즘을 갖는지는 아직 명확하게 밝혀지지 않았다. 어떤 이론은 누군가가 사람이나 사물을 터치하는 것을 볼 때 터치-공감각을 가진 사람들의 뇌에서는 자신이 누군가를 터치할 때 활성화되는 부위가 활성화된다고 주장한다. 터치를 하거나 터치하는 것을 볼 때 활성화되는 뇌의 영역 사이에 강한 연결이 있다는 것이다. 영국의 연구자들은 이 이론을 입증해보려 했다. 그래서 공감각을 가진 사람들과 그렇지 않은 사람들에게 사람의 얼굴, 인형의 얼굴, 다른 물체를 만지는 영상을 보게 하면서 그들의 뇌를 MRI 스캐너로 관찰하였다. 실험에 참여한 공감각자들은 인간의 얼굴을 터치하는 영상을 볼 때 자신의 얼굴을 만지는 느낌을 가장 강하게 느꼈다고 보고하였는데 또 터치 자극의 일차적 처리가 이루어지는 체감각피질이 활성화되었다. 연구자들은 공감각자가 아닌 사람들도 이 부위가 활성화된다는 것을 확인하였다! 공감각자들의 경우 이차 체감각피질(터치 자극의 2단계 처리가 이루어지는 부분)의 뒤쪽 부분이 좀 더 활성화되는 차이를 보였다. 이 결과로 봤을 때 우리 모두 다른 사람이나 물체가 터치되는 것을 볼 때 그 터치의 느낌을 공감하는 능력을 가졌다고 할 수 있다. 다른 사람이 터치되는 것을 볼 때 터치를 실제로 느끼지 못하더라도 적어도 상대방의 느낌을 미루어 짐작할 수 있는 능력이 있다고 할 수 있다.

거식증과 터치

사회적 터치와 자기개념의 발달은 서로 복합적으로 연계되어 있다. 자폐성 장애가 있는 사람들의 경우 스킨십을 거부하다 보니 사회적 자기 즉, 다른 사람과의 관계 속 자기에 대한 인식이 변형되는 것으로 보인다. 자폐성 장애와 터치-공감각은 공감능력의 발달을 위해서는 사람 사이의 터치가 필수적이라는 사실을 암시해준다. 1장에서 확인했듯이 부드러운 스킨십을 통한 C-촉각 섬유의 활성화는 신체적 자기개념의 발달을 가능케 하는 결정적 요인이다. 터치와 관련되어 발생할 수 있는 또 다른 장애에는 거식증(식욕부진증anorexie)이 있다.

두 가지 사실에 먼저 초점을 맞춰보자. 거식증 환자는 건강한 사람에 비해 C-촉각 섬유를 자극하는 부드러운 쓰다듬기를 덜 유쾌하게 느낀다. 그리고 거식증 환자들은 자궁 속 태아일 때 C-촉각 섬유를 자극했던 배냇솜털이 났던 부위에 집중적으로 솜털이 난다. 거식증 환자들의 터치 자극이 어떻게 처리되는지 관찰한 최초의 연구결과들은 뇌의 활성화 패턴이 변형되었다는 점을 보여준다. 또한 거식증 환자들은 다른 사람을 대하는 것을 어려워하는 사회성 문제를 보인다. 그래서 친구가 거의 없고 소심하다. 이는 거식증이라는 질환의 결과일 수 있다. 거식증 환자들은 자신과 자신의 신체에 불만이 많기 때문에 다른 사람에게 자신을 보여주기를 싫어하고 소극적인 태도를 보인다. 그러나 무엇이 원인이고 무엇이 결과인지는 명확하게 밝혀지지 않았다. 사실 사회성 문제가 먼저 있고 자신에 대해 불만을 느끼며 항상 소외된 느낌을 받은 결과로 섭식 장애의 어려움을 겪게 된 것일 수도 있다. 사회적 환경, 다른 사람들과의 상호작용과 거식증의 관계가 매우 복합적인 것만큼은 확실하다. 그러나 거식증 환자들이 실제로 매우 기본적인 사회성 문제가 있다는 것은 확실하다. 일반 사람들에 비해 다른 사람의 감정을 읽고 의도나 생각을 알아차리는 데 어려움을 느낀다. 이런 면에서는 거식증 환자나 자폐성 장애 환자는 비슷하다. 어쩌면 거식증과 자폐성 장애는 근본적으로 유사한 문제가 다른 방식으로 표현된 결과일 수 있다. 두 경우 모두 자기인지의 변형이 원인이기 때문이다. 자기인지의 문제는 자폐성 장애 환자에게는 사회성 결여로, 거식증의 경우 변형된 신체상body image으로 나타날 뿐이다.

치료를 위한 터치

과거에는 의사와 환자 사이에 신체적 상호작용이 빈번하게 일어났다. 오늘날에도 간단한 진찰은 의사가 환자의 몸을 살피고 만지며 느끼는 감각을 통하지만, 복잡한 검사는 모두 기술장비를 통해 이루어진다. 초음파, MRI, CT 등은 침습적 방법에 의존하지 않고도 몸의 내부를 들여다볼 수 있게 해준다. 이러한 장비가 대중화되면서 의사와 환자는 책상을 사이에 두고 앉아 검사 결과에 대해 주로 대화를 나누는 방식으로 상호작용하게 되었다. 환자에게 의사와의 보다 개인적인 접촉과 더 많은 터치는 긍정적인 영향을 줄 수 있기 때문에 이는 환자 입장에서 아쉬운 일이다. 의사 역시 자기 환자에게 나쁜 소식을 전해야 할 때 어깨를 감싸거나 안아주고 싶을 수도 있다. 그러나 전문성에 대한 기대가 높아 이러한 터치와 상호작용은 점점 줄어든다.

다양한 문화권에서 역사적 문헌들은 치료목적의 터치에 관해 기록하고 있다. 예컨대 중국, 페르시아, 인도에서는 치료목적으로 터치가 활용되었다. 기원전 6세기에 작성된 인도의 한 문헌에는 "마사지는 혈관과 피부와 관절에 활력을 주며 혈액 순환을 촉진하고 신경을 강화하며 건강한 몸과 깨끗하고 행복한 감정을 느끼게 한다"고 표현되어 있다. 기독교에서도 예수가 터치를 통해 병자를 고친 사례들이 있다.

오늘날 수많은 대체의학 방법들이 터치를 활용하는데, 특히 전통적인 마사지에서부터 침술, 지압과 기치료에 이르기까지 터치가 통증치료의 일환으로 다양하게 사용된다. (적어도 가벼운 질환의 경우) 환자의 상태는 의사와의 상호작용을 통해서 이미 초기에 호전되는데, 이를 입증해주는 근거는 많다. 이는 플라시보 효과placebo effect, 즉 치료법이나 약물이 분명 효능이 있을 것이라는 믿음이 주는 효과 덕분이다. 의사와의 상호작용에 따른 플라시보 효과는 질환에 대하여 잘 아는 전문가가 자신을 보살펴준다는 안도감 덕분에 발생한다. 의사와의 상호작용이 치료를 촉진하는 또 한 가지 이유는 환자가 치료를 위한 정확한 안내를 받았다고 느끼며 의사를 신뢰하게 되어 지시한 대로 처방해준 약을 투약하거나 치료방법을 실천하기 때문이다. 의사는 '공감 어린 손길'을 통해 믿어도 되는 사람이라는 느낌을 전달하고 플라시보 효과를 더욱 강화하는 동시에 환자와의 신뢰를 더욱 높인다. 다른 모든 상황에서와 마찬가지로, 이때도 개개인의 상황과 과거 경험이 중요하게 작용한다.

오늘날에는 간호 및 요양 서비스가 제공되는 현장에서도 냉정한 분위기와 신체적 접촉에 대한 거부감을 발견하게 된다. 간호사나 요양보호사들은 환자를 터치할 때 주로 장갑을 끼고 있으며 가급적 신체적 접촉을 피하고 최소화한다. 치매 환자의 경우 성적 제어능력이 해제되는 현상이 나타나기도 하는데, 이러한 환자를 대할 때는 더더욱 접촉을 피하게 된다. 그러나 말기 치매 환자들이야말로 의사소통은 오로지 터치를 통해서만 가능하다. 영국의 터치치료사인 루크 테너는 치료 시간에 종종 환자의 손을 잡고 있거나 환자가 기댈 수 있게 어깨를 내준다고 설명한다. 물론 치매치료센터나 치매 전문 요양센터에서는 이 치료방법을 '마사지'로 소개한다. 노인성 질환 환자들에게 터치는 매우 중요하지만 상당한 반론을 불러일으킨다. 신체적 접촉은 매우 예민한 문제이고, 환자나 간호사와 요양사들이 보호되어야 하므로 충분히 이해할 수 있는 일이다. 그렇다고 해서 터치에 대한 거부나 혐오가 최선의 해결책일 수는 없다. 치매 환자의 치료에 있어서 터치가 불러일으키는 긍정적 효과는 수많은 연구 결과로 확인되었다. 치매 환자들은 마사지나 친절한 터치 후에 두려움, 불안감, 당혹감을 덜 느끼는 것으로 확인되었다.

행복 뒤에 숨겨진 과학

리네아는 몇 년째 싱글이다. 그녀는 그게 그다지 나쁘지 않다고 생각한다. 리네아는 회사에서 인사 관리자로서 중요한 직책을 맡고 있고 전망도 좋다. 스트레스를 받지만 수입이 좋아 여행도 자주 다니고, 종종 친구들을 만나 스트레스를 풀 정도로 시간적 여유를 누릴 수도 있다. 리네아는 남부럽지 않은 자신의 삶에 만족해한다. 완벽한 인생을 위해서 파트너가 필요하다고 생각하지도 않는다. 근무시간에 계속 앉아 있어야 하는 몸을 위해 최근에 요가를 시작하고 정기적으로 운동을 하면서 삶이 더 풍성해졌다고 느낀다. 요가를 하고 나면 몸의 긴장이 풀리고 자신이 완전히 소진된 느낌이다. 요가 스튜디오에서는 영적인 면을 강조하지 않고 또 수업을 마무리할 때 하는 호흡훈련 역시 오로지 긴장 완화 relaxation를 위한 것이다. 리네아는 자신의 요가 수업이 영적 측면을 강조하지 않고 신체 단련에 초점을 두고 있어서 더욱 맘에 든다.

자기인식

어느 날 리네아는 요가 수업을 마치고 다른 수강생인 비올라 와 이야기를 나누게 되었다. 요가 스튜디오 옆 카페에서 리 네아는 커피를, 비올라는 콤부차를 주문한다. 둘은 공통점 이 많다는 사실을 금방 알게 된다. 비올라 역시 싱글라이프 에 만족해하며 연극을 좋아하고 여행을 자주 다닌다. 그런데 누군가와 친밀한 터치를 나누지 못하는 것이 아쉽다고 한다. 리네아는 그 말에 놀란다. 비올라는 누구보다 다정하고 대 화하면서 자신의 감정이나 관심을 표현하기 위해 상대의 팔 을 자연스럽게 터치했기 때문이다. 리네아는 스킨십이 부족 하여 누군가와 친밀감을 나누는 신체적 접촉을 그리워할 수 있다는 생각을 해본 적 없다. 비올라가 다음에는 탄트라 수업을 수강할 계획이라고 말해 리네아는 또 한 번 놀란다. 탄트라라면 특히 영적이고 강력한 성적인 수행을 하는 것이 아닌가? 싱글인 여자가 왜 그런 수업을 수강하려는 걸까? 혹시 수강생들 간에 섹스를 하거나 아니면 자위하는 법을 배우는 것인가? 비올라는 웃음보를 터뜨리며 그건 아니라고 설명한다. 탄트라는 힌두교와 불교적 요소들이 결합한 종합적인 철학적 수행법이라고 한다. 호흡법과 쿤달리니 요가kundalini yoga, 만달라스 그리기, 그리고 주술적이고 영적인 아이디어들로 구성된 포괄적인 수행법이라는 것이다. 전통 탄트라에서는 하나의 의식처럼 수행된 섹스 역시 중요한 부분이었고 이는 서양에서 탄트라라는 이름 아래 종종 전수되기도 하지만 비올라가 수강하려는 탄트라는 무엇보다도 자기인식에 초점을 둔다고 한다. 비올라는 탄트라식 훈련법을 통해 자기 내면을 더욱 잘 들여다보고 다른 사람에게 더욱 더 마음을 여는 것을 배울 것이라고 설명한다. 마음을 연다는 것은 더 개방적인 태도를 갖거나 적어도 신체적 접촉에 대한 자신의 욕구를 발견하고 이해하는 것을 포괄한다고 한다. 자기인식의 실험적인 한 형태로서 터치가 활용되는 것이다. 최종 목표는 각성 또는 일종의 깨달음이라고 한다. 그러나 리네아는 회의적이다. 리네아는 비올라에게 매우 동조적이지만, 비올라의 그러한 영적 관심은 낯선 느낌을 준다.

내면을 인지하는 것 또는 **마음챙김**mindfulness. 이러한 표현들은 요가수업도 오로지 체력관리를 위해서만 하는 리네아에게는 지나치게 종교적이고 뉴에이지 운동 같은 인상을 준다. 그러나 그러한 수행이나 훈련법들에도 과학적 근거가 있다. 왜 그런지 한번 살펴보자.

생존을 위해서는 자기 몸의 상태를 인지하는 능력이 필요하다. 앞에서 이미 신체내부감각이라는 개념에 대해 설명했다. 신체내부감각은 "지금 내 상태는 어떠한가?"라는 질문에 대해 대답하는 능력이라고 설명할 수 있다. 몸의 자세 등에 대한 인지(고유수용감각proprioception)와 춥거나 더운 느낌, 배고프고 목마르고 간지러운 느낌, 숨을 참고 있을 때 느껴지는 숨 쉬고 싶은 욕구(공기에 대한 갈망air hunger)뿐 아니라 C-촉각 섬유를 통해 전달되는 부드러운 터치가 주는 느낌은 신체내부감각에 속한다. 우리는 배고픔을 느껴야만 배고픔을 해결하기 위해 어떻게 할 것인지 결정을 내리고 행동하게 된다. 그리고 이 욕구는 내면의 다른 상태들이나 우리가 처한 상황과 통합되어야 한다. 갑자기 야생 호랑이가 눈앞에 나타나면 배가 고파도 먹을 것을 찾기보다 먼저 도망쳐야 한다. 우리는 배가 고프면 섹스를 하고 싶은 욕구도 줄어든다. 서로 경쟁하는 욕구 중 무엇을 먼저 충족할 것인지 선택하기 위해서는 관련된 모든 정보를 뇌로 모아야 한다. 배가 고플 때 먹는 행위를 활성화하는 단순한 반사작용만으로는 충분하지 않다. 만약 단순한 반사작용만 존재한다면 주변에 도사리고 있는 위험들을 감지하지 못하게 되고 그랬다면 우리의 조상들은 아마도 매머드를 사냥해 배를 채우려다가 스스로 야생동물의 먹이가 되었을 것이다.

인간의 몸은 끊임없이 균형을 찾고 모든 욕구를 충족한 상태를 달성하고자 한다. 이는 내면으로부터 발생하는 모든 욕구를 외부의 상황과 연계시켜야 하기 때문에 극도로 복잡한 과제다. 뇌는 어떤 욕구를 충족하는 것(예컨대 음식물 섭취 또는 섹스)이 가장 시급한지를 파악하는 동시에 외부 세계를 관찰하며 일어날지도 모르는 위험상황을 예측해야 하고 적절하게 반응해야 한다. 호랑이가 나타나면 음식물 섭취나 섹스를 즉시 중단하고 '도망' 프로그램이 가동되어야 한다.

내면의 균형 찾기라는 것도 리네아에게는 지나치게 종교적인 느낌을 주며, 시대가 변해도 여성잡지에 늘 등장하는 뻔한 제목처럼 공감을 주지 못한다. 그러나 우리의 몸은 실제로 계속해 내면의 균형을 달성하려 하며 이는 과학적인 사실이다. 다만 과학계에서는 균형이라는 말 대신 '평형equilibrium'이나 '항상성homeostasis'이라는 개념을 사용할 뿐이다. 내적 균형을 달성하고 유지할 수 있는 사람은 만족감과 평온함을 느낄 수 있다. 그러기 위해서는 먼저 자신의 욕구를 인지해야 해야 하는데, 이는 자신의 신체내부감각에 집중해야 한다는 뜻이다. 신경과학분야의 중요한 이론인 일명 '예측코딩모델predictive coding model'은 우리의 뇌가 계속해 현재의 인식을 기대에 맞춰 조정하고 우리 뇌가 모든 인식과 사건을 정확하게 예측해내는 것을 '목표'로 한다고 설명한다. 어찌 보면 너무나 당연한 일이다. 그래서 우리는 끊임없이 학습하며 처한 환경에 맞게 그리고 경험을 토대로 자신의 태도를 계속해 조정해 나간다. 이러한 원리를 내면에 대한 인지에 적용해 보면 우리는 계속해서 자신이 기대하거나 원하는 상태와 자기 내면의 실제 상태를 비교한다고 할 수 있다.

기대와 현실이 일치하지 않으면 우리는 둘을 일치시키기 위해 조정을 시작한다. 이 조정은 두 개의 다른 메커니즘을 통해 이루어진다. 기대를 바꾸거나 현실을 바꾸는 것이다. 예를 들어 배가 고프면 먹을 것을 찾는다. 그런데 오랫동안 먹을 것을 구할 수 없거나 소량만 구할 수 있는 상황이라면, 우리는 기대를 조정해 배고픔을 덜 느끼게 된다. 친밀한 관계에 대한 욕구가 느껴지면 연인을 받아들이면 된다. 그러나 껴안을 연인이 장기간 없다면 다른 사람과의 육체적 친밀감에 대한 욕구가 줄어든다. 터치에 대한 욕구가 줄어들었다고 해서 신체적 접촉이나 터치가 자신에게 미칠 수 있는 긍정적 영향이 줄었다는 의미가 아니라 내면의 균형을 달성하기 위해 기대가 조정된 것뿐이다.

이것은 매우 중요한 지점이다. 실제로 터치가 부족하다고 느끼는 사람은 많지 않다. 다른 사람과 어느 정도의 거리를 두는 문화권에서 성장한 대부분의 사람은 누군가를 터치하고 싶거나 터치를 받고 싶다는 욕구를 잘 느끼지 못한다. 왜냐하면, 스킨십을 하지 않는 것이 우리의 기대와 일치하며, 익숙하기 때문이다. 그렇다고 해서 다른 사람과의 친밀함과 스킨십을 따뜻하게 느끼지 않는 것은 아니다! 오히려 그 반대라는 점은 과학적으로 충분히 설명되었다.

자신의 욕구를 제대로 인지하기 위해서는 우선 자신이

가진 욕구에 주의를 기울여야 한다. 그런데 내면에 존재하는 욕구에 집중하고 주의를 기울이는 능력 즉, 마음챙김은 사람마다 다르다. 이를 과학적으로 측정할 수 있는가? 이를 측정하기 위해 연구자가 들려준 소리의 박자가 실험참가자 자신의 심박수와 일치하는지를 답하도록 하는 간단한 실험을 했다. 참가자들은 먼저 자신의 내면에 집중했는데, 이 과정에서 모두 뇌의 특정 부위가 활성화되었다. 바로 자기self와 관련된 프로세스를 담당하는 전대상피질anterior cingulate cortex 그리고 전측섬anterior insula이었다. 이 연구결과에서 전측섬의 활성화는, 외부에서 들려준 소리와 자기 심박수의 일치 여부를 판단하는 능력과 관련이 있었다. 그리고 전측섬의 크기도 이 능력과 관련이 있었다.

요가와 신체내부감각

다수의 연구에서는 내면의 상태와 욕구에 대한 인지가 제대로 이루어지지 않으면 여러 건강상 문제가 발생할 수 있고 섭식장애, 우울증, 만성 통증, 외상 후 스트레스 장애 등의 원인이 된다고 설명한다. 이러한 문제가 있을 때 자기 몸이 보내는 신호를 더욱 잘 인지하고 그 신호를 신뢰하는 연습을 하는 것이 회복의 첫 단계다. 신체내부에서 일어나는 프로세스와 욕구들을 인지하는 능력은 요가나 명상 등의 훈련을 통해 개선될 수 있다. 물론 학계는 아직 요가를 주요 연구대상으로 삼고 있지는 않지만, 요가가 우울증이나 수면장애 같은 정신적 문제에 도움을 줄 수 있다는 연구결과들이 몇몇 존재한다. 실제로 정기적으로 요가를 한 사람들의 뇌섬이 요가를 전혀 하지 않은 비교군에 비해 커져 있다는 사실이 확인되었는데 뇌섬 부분에 회백질의 양이 더 많았다. '회백질grey matter'은 뉴런의 세포체들이 모여 있는 곳이다. 회백질이 많다는 것은 뉴런 간 연계가 더 긴밀하고 더 많은 시냅스가 형성되어 있다는 뜻이다. 정확히 말하면 개수가 늘어나는 것은 아니고, 부피가 커지는 것이다. 회백질의 양은 또한 요가를 해온 기간에 따라 달라졌다. 만약 그렇지 않다면 뇌섬이 큰 사람일수록 요가를 더 좋아한다는 식의 주장이 가능했을 것이다. 결론적으로 요가가 해부학적 변화를 가져올 수 있다고 할 수 있다. 그리고 이러한 해부학적 변화가 추가적인 영향을 가져온다는 사실도 위 연구를 통해 확인되었다. 요가를 하는 사람들은 일반인보다 통증을 더 잘 참는 것으로 나타났다. 일명 통증에 대한 내성의 정도는 뇌섬-피질의 크기와 연관이 있었다. 호흡법이나 명상 또는 신체 단련 중 구체적으로 어떤 부분이 해부학적 변화와 함께 통증에 대한 내성을 강화했는지는 정확하지 않다. 그러나 다양한 요소의 결합이 긍정적 영향으로 이어졌을 것이라고 충분히 예상할 수 있다. 정확한 메커니즘이 무엇이든 간에 연구결과에서 신체내부감각과 관련해 중요한 역할을 담당하는 뇌섬이 요가를 통해 발달할 수 있다는 사실은 확실하다.

과학계에서 신체내부감각이라 부르는 것을 동양 문화권에서는 다른 명칭으로 부른다. 또한 동양에서는 요가 등의 수련 목표도 다르다. 깨달음, 개방성, 마음챙김, 세상과 모든 사물 및 존재와의 연결 등을 목표로 한다. 하지만 그 효과는 동일해 내면에서 일어나는 프로세스에 대한 인지능력이 개선된다. 인지능력의 개선이 단순히 사람이 예민해지는 것이 아님은 요가하는 사람들이 통증에 대한 내성이 더 높아졌다는 사실을 보면 알 수 있다. 자신의 욕구를 파악하는 능력만 좋아지는 것이 아니라 욕구나 갈망을 조절하는 능력이 동시에 개선되는 것뿐 아니라 행복을 가져다주는 사람 간의 친밀감이나 터치에 대한 욕구를 조절하는 능력도 개선된다. 자기 욕구에 대해 더욱 잘 인지할 수 있게 되면 다양한 정신질환 증상의 완화에 도움이 될 수 있다.

해부학적 변화는 뇌에서만 일어나는 게 아니라 척수에서도 일어난다. 적어도 쥐의 경우에는 그렇다. 쥐에게 낯선 촉각과 터치 자극을 줄 경우 척수 속 등쪽뿔에서 새로운 뉴런이 형성되었다! 새로운 터치를 경험한 지 두 시간 만에 새로운 세포가 만들어졌다. 만들어진 세포의 수는 쥐가 얼마나 많이 새로운 터치 경험을 했는지 그리고 새로운 종류의 표면 질감을 얼마나 오랫동안 느꼈는지에 따라 달라졌다. 사람도 터치 자극으로 인해 척수 속 새로운 뉴런이 형성된다는 사실이 입증된다면 굉장한 일일 것이다. 터치에 대한 인간의 인지와 감각이 변화되고 조정될 수도 있다는 뜻이기 때문이다. 이는 특히 만성통증 환자들에게는 좋은 소식이 될 것이다. 통증 자극은 척수 속 등쪽뿔 부분에서 처리되기 때문이다.

포옹 파티가 필요할까?

리네아는 전통적인 영적 수련법과 최신의 과학적 연구결과들이 연관되어 있다는 사실이 나름 설득력 있고 흥미롭다고 생각한다. 그런데 비올라는 리네아에게는 너무나 낯선 경험에 대해 이야기한다. 비올라는 정기적으로 포옹 파티*에 참가해 다른 사람에게 자신을 개방하고, 터치를 통해 다른 사람들에게 다가가는 방법에 대한 관심을 두게 되었다고 한다.

우리는 사랑하는 남녀 사이에 키스, 섹스 또는 쓰다듬기 등의 정기적인 신체적 접촉이 마음이나 정서뿐 아니라 건강에도 유익하다는 것을 이미 알고 있다. 그렇다면 연인이나 배우자가 없는 사람이라도 터치가 불러일으키는 긍정적이고 건강에 유익한 효과를 누릴 수 있어야 한다. 친밀한 터치가 연인이나 부부 사이로 제한되는 현대 사회에서는 이러한 터치의 결핍을 해소하는 상업적 틈새 시장이 형성되었다. 실제로 상업적으로 서비스되는 전문적인 마사지는 사랑하는 사

---

* 포옹 파티(cuddle party)는 사람들이 성(性)적이지 않은 목적으로 신체적 친밀감을 경험하고 나누도록 고안된 행사다.

람과의 스킨십을 나눌 때처럼 옥시토신을 분비시킨다(마사지를 받는 사람뿐 아니라 마사지사에게도 마찬가지다). 전통적인 마사지 이외에도 친밀감과 신체적 접촉을 원하는 사람들을 만족시켜줄 만한 새로운 방법들이 계속해 나타나고 있다. 약한 우울증세부터 중간 정도의 우울증을 돕기 위한 마음챙김-마사지[**]도 개발되었다. 스킨십 세미나나 이벤트를 진행하면서 참가자들이 서로 껴안고 쓰다듬으며 스킨십을 나눌 수 있게 돕는 스킨십 트레이너라는 직업도 생겨났다. 스킨십 이벤트인 일명 '포옹 파티'는 독일에서 십여 년 전에 첫선을 보였고 현재는 모든 주요 도시에서 열린다. 포옹 파티에는 성적인 동기가 없다. 참가자들은 키스를 하거나 성적으로 민감한 부분을 만질 수 없고 엄격한 규칙을 따라야 한다. 이 파티는 오로지 신체접촉, 사람의 온기, 안정감과 편안함에 대한 욕구를 충족시켜주는 것을 목적으로 한다. 좋은 아이디어이긴 하지만 조금은 낯설고 충격적이기도 하다. 스킨십을 하기 위해

[**] 마음챙김이란 불교의 전통적 수행방식에 뿌리를 두고 있으며, 현재에 집중하며 어떤 판단이나 분석 없이 대상이나 상황을 있는 그대로 수용하는 마음 수행법이다. 이러한 명상법 또는 수행법을 접목시킨 마사지법이 마음챙김-마사지다.

이벤트를 한다는 사실은 극도로 개인화되고 (조금 과장해 표현하자면) 터치에 대해 적대적이라고까지 할 수 있는 우리 사회가 인간의 가장 기본적인 욕구조차 충족시키지 못하고 있다는 사실을 보여준다. 우리는 포옹하고 쓰다듬는 방법에 대한 안내를 필요로 하지 않는다. 사람은 누구나 본능적으로 그 방법을 안다. 함께할 사람만 있으면 된다. 많은 사람들이 개인적으로 아는 사람보다 알지 못하는 사람이나 또는 전문적으로 기획된 행사 안에서 스킨십을 하려는 이유는 무엇 때문일까?

우리는 어쩌면 터치를 하면 감당할 수 없는 감정적 종속 관계에 빠질지도 모른다는 두려움을 가져서인지 모른다. 알지 못하는 이와 스킨십을 하면 상대와 어떠한 관계를 형성할 필요 없이 신체적 접촉에 대한 욕구는 충족시킬 수 있다. 게다가 오늘날 우리 사회는 애정 어린 터치를 대개는 성적으로 해석하기 때문에 연인이 아닌 친구를 쓰다듬거나 오랫동안 끌어안는 것이 이상하게 보일 수 있다.

나이가 들수록 애정 어린 신체적 상호작용을 나누는 빈도와 터치의 양은 줄어드는 것으로 파악된다. 포옹 파티 참가자들은 대개 30~50대 아니면 60대다. 아이들은 별다른 거부감 없이 수시로 서로를 터치하는 반면, 사춘기에 접어든 청소년들은 이전에는 당연하다 생각했던 터치에 대한 생각이 달라진다. 이 시기에는 성적인 관심이 커지기 때문에 터치가 성적 자극으로 받아들여지기 시작한다. 한편 사춘기에도 여자 친구들 사이에서는 스킨십이 빈번하다. 어쨌거나 성인이 되는 과정에서 터치는 당연하고 자연스러운 것이라는 인식이 사라지는 것이다. 성장 과정에서 문화적 규범들은 무의식 뿐 아니라 행동에 점점 큰 영향을 미친다. 반항적인 청소년기가 지나고 나면 대부분의 사람은 자신을 규범에 맞추고 사회에 편입하여 '성인으로서' 살아가길 원한다. 성인으로 산다는 것은 전문성과 독립성을 갖춘 삶을 말하는데, 두 가지 모두 신체적 접촉과는 거리가 먼 특징들이다. 그러다 30대가 되면 성인으로 살아가기 위해 노력하는 단계를 넘어서는데, 그때는 이미 터치를 당연하고 부담스럽지 않게 여기던 태도를 잃어버린 지 오래다. 가까운 사람들과의 터치조차 어렵고, 터치가 적절하지 않거나 부담을 줄 수 있다는 걱정이 앞선다. 의식적으로 터치를 확장해나가며 스킨십을 다시 배워야 하는 상태인 것이다. 이를 위해 보통은 감사의 뜻을 표할 때 상대방의 팔을 터치하는 것, 포옹할 때 평소보다 조금 더 길게 또는 더 강하게 끌어안는 것부터 시작하면 된다. 별것 아닌 제스처지만 상대방을 향해 열려 있는 자신의 마음과 진심을 전할 수 있다. 상대방이 놀라거나 당황할 정도가 아니니 걱정할 필요 없다. 우리의 목표는 신체적 접촉에 대한 욕구를 상업화된 서비스나 '터치전문가'들에게 맡기지 않고 우리 사회를 다시금 터치 친화적으로 만드는 것이다.

리네아는 포옹 파티의 아이디어가 흥미롭지만 직접 참가하는 것은 상상하기 어렵다. 비올라의 경험은 재미있고 신기했다. 그렇지만 낯선 사람과의 강도 높은 스킨십은 받아들이기 힘들다. 그래서 한번 같이 가자는 비올라의 초대를 거절한다. 리네아처럼 싱글이면서 포옹 파티나 자극적인 마사지를 받기 싫다면, 건강에 유익한 옥시토신의 효과를 이용해 욕구를 '스스로 해소'하면 된다. 이미 설명했듯이 애완동물을 쓰다듬거나 노래를 하는 것 그리고 맛있는 음식을 먹는 것은 옥시토신 분비를 촉진한다. 포옹 파티는 분명 모든 사람의 취향은 아닐 것이다. 낯선 사람과 나누는 신체적 접촉보다 감정적으로 가까운 사람과의 스킨십이 언제나 더 큰 의미가 있고 더 기분 좋은 느낌을 줄 것이다. 오로지 터치의 긍정적 효과를 누리기 위해 터치를 주고받는다면, 오히려 기대한 효과가 나타나지 않을 수도 있다. 애정 어린 터치는 일상 속에서 자연스럽게 일어나야 한다. 건강하고 만족스러운 삶을 영위하기 위해 터치를 해야 한다는 생각을 염두에 두고 스킨십을 해서는 안 된다. 어쩌면 우리는 가까운 사람들과 애정 어리고 진심 어린 스킨십에 새롭게 적응하는 연습을 해야 하는 지도 모른다. 이때 중요한 것은 터치가 주변 사람들에 대한 호기심과 관심 그리고 열린 마음을 바탕으로 이루어져야 한다는 것이다. "요가 수련, 야채주스 마시기, 마음챙김 훈련 그리고 친구를 다정하게 쓰다듬기. 이 미션들을 수행하면 나는 행복하고 충만함을 느끼게 될 것이다."는 식으로 터치를 단순히 웰빙 달성의 한 가지 수단으로 생각해서는 안 된다.

가상 커뮤니케이션 시대의 터치

@AxonVR

다니엘과 스테파니는 사귄 지 일 년 된 커플이다. 그런데 다니엘은 독일에, 스테파니는 미국 캘리포니아에 살고 있다. 둘은 만나려면 비싼 항공료를 지불하고 12시간 넘게 비행기를 타야 한다. 그래서 둘은 사귄 지 일 년이 되었지만 실제로 함께 지낸 시간은 1~2주밖에 되지 않는다. 조만간 둘이 함께 지내기로 했지만 그 꿈이 실현될 때까지는 장거리 연애를 해야만 한다. 요즘과 같은 글로벌 시대에는 많은 커플들이 스카이프skype, 페이스타임facetime, 구글 행아웃hangouts에 의존해 관계를 유지한다. 다니엘과 스테파니 역시 자주 영상통화로 대화를 나누기도 하고 함께 시간을 보내기도 한다. 영상통화를 하며 각자 피자를 시켜 함께 먹거나 같은 영화를 보며 영화에 대해 이야기를 나눈다. 둘만의 은밀한 애정행위도 인터넷을 통해 나눈다. 둘은 수시로 사진으로 보내 지구 반대편에 사는 연인과 더 나은 삶을 공유한다.

장거리 연애와 공감

오늘날에는 연인이 수천 킬로미터 떨어져 있더라도 지속적인 소통을 가능케 하는 다양한 방법들이 있다. 대단한 일이다. 그러나 오랜 시간 또는 기한 없이 장거리 연애만 해야 한다면 누구나 불만족스러울 것이다. 영상통화와 메신저 등 다양한 방법이 있지만 연애를 할 때는 그러한 것으로 채울 수 없는 욕구들이 있다. 화면 속 연인을 바라보며 이야기하는 것만으로는 충분하지 않다. 연인이 실제로 내 옆에 있는 것은 전혀 다른 것이기 때문이다. 육체적 친밀함은 연인 관계의 중요한 특징이기 때문에 실제로 함께 있는 것이 중요하다. 물론 친구나 가족 구성원들 간에도 멀리 떨어져 있는 것은 힘든 일이다. 아무리 기술이 좋아도 함께 커피를 마시며 나누는 수다를 영상통화로 대체할 수는 없다. 적어도 아직은 그렇다. 상대방의 냄새를 느끼며 피부를 쓰다듬으면서 온기를 전하는 것은 영상통화를 통해서는 할 수 없기 때문이다. 다니엘이 자신의 슬픈 감정을 아무리 슬픈 표정으로 울고 있는 이모티콘을 보내며 표현한다 해도, 다니엘이 실제로 곁에 앉아서 눈물을 흘릴 때의 감정을 스테파니는 느끼지 못할 것이다. 이모티콘을 통해서는 스테파니는 다니엘이 바로 옆에 앉아 있을 때의 감정을 느낄 수 없다. 다른 사람의 슬픔, 고통, 기쁨 등의 감정들을 전적으로 이해하고 나누기 위해서는 같은 공간 안에 실제로 함께 있어야 한다. 왜냐하면 우리는 감정을 언어를 통해서만 전달하는 게 아니라, 말을 할 때 동원되는 온갖 종류의 추가적 커뮤니케이션 신호들을 통해서 전달하기 때문이다. 목소리의 톤, 표정과 몸짓, 자세는 물론 터치는 상대에게 우리가 말로 전달하는 만큼의 정보를 전달한다. 언어는 우리가 생각하는 것만큼 필수적이지 않을 수 있다. 말을 하지 않고도 감정을 충분히 전달할 수 있다. 연구에 따르면 전혀 안면이 없는 실험참가자들 간에 오로지 터치만으로도 다양한 감정을 전달할 수 있었다. 분노, 두려움, 혐오감은 물론이고 사랑, 감사, 공감 등에 이르는 폭넓은 감정을 터치만으로 전달할 수 있었다. 감정을 전달하기 위해서 우리는 몸짓, 표정 또는 스킨십 등 다양한 비언어적 방법을 동원한다. 실험에 참여한 사람들에게 자신의 감정을 전달하는 방법을 자유롭게 선택하라고 하자, 실험참가자 대부분이 표현하고자 하는 감정에 따라 비슷한 방법을 선택하였다. 몸짓은 주로 부끄러움, 죄책감 또는 자부심을 표현하는 데 사용되었고, 얼굴 표정은 분노, 혐오감, 두려움, 기쁨, 슬픔을 표현하는 데 사용되었다. 터치는 주로 사랑과 공감을 표현하기 위해 사용되었다. 만약 소통의 한 방식으로 터치가 불가능하다면 그 관계는 어떻게 될까? 사랑과 공감을 제대로 전달하지 못한다면 그 인간관계는 오래 유지될 수 있을까?

위 실험을 통해 또 한 가지 중요한 사실이 확인되었다. 참가자가 표현한 감정들은 발신자가 선호하는 방식으로 표현되었을 때 가장 정확하게 전달되었다. 실험참가자들은 예컨대 분노를 표현하는 수단으로 표정을 선호하였는데, 분노는 몸짓이나 터치로 표현할 때보다 표정으로 표현했을 때 가장 잘 전달되었다. 이는 우리가 감정에 따라 특정 비언어적 커뮤니케이션 방법을 사용하도록 문화적으로 길들여졌기 때문일 것이다. 결론적으로 대부분의 사람은 주로 터치를 통해 사랑과 공감을 전달한다. 사랑과 공감이 터치로 전달될 때 가장 잘 인식되고 이해된다면 다니엘과 스테파니처럼 장거리 연애를 하는 커플이나 떨어져 지내는 가족 또는 친구들은 물론 일상에서 터치와 스킨십을 충분히 나누지 못하는 우리 모두가 사랑과 공감을 제대로 전달하지 못하는 문제를 겪는 셈이다.

스마트폰과 로봇

요즘에는 사람 사이의 터치가 계속해서 줄어드는 반면, 사람들은 각종 기기를 수시로 터치한다. 우리는 특히 스크린을 터치해 스마트폰을 조작한다. 소셜네트워크에 올라온 뉴스피드를 보기 위해 손가락으로 화면을 위아래로 계속해 밀어 올리고 내리는 행위는 일종의 쓰다듬기나 마찬가지 아닐까? 우리는 스마트폰 화면을 터치하며 손끝으로 콘텐츠를 확대하거나 축소하고 온갖 종류의 게임을 즐긴다. 우리는 스마트폰을 사용하면서 무의식적으로 여전히 엄청나게 오랜 시간 촉각을 사용한다. 스마트폰 역시 우리에게 부드러운 진동으로 메시지가 도착했다고 알린다. 어떻게 보면 스마트폰과의 나름 깊이 있는 상호작용을 통해 기기와 우리의 관계가 변하고, 무생물인 스마트폰에 약간의 친밀한 감정이 실리게 된 것은 아닌지 의문이 들기도 한다. 이러한 의문에 대해서는 아직 연구되지 않았다. 스마트폰의 사용빈도와 우울증 및 불안장애 간의 관계가 있다는 단서들은 많다. 그러나 인과관계가 아닌 상관관계에 대한 단서들이다. 다시 말해 스마트폰을 더 많이 사용할수록 우울증과 불안장애를 겪을 확률이 더 높아지는지 아니면 우울증과 불안장애를 앓고 있는 사람들이 다른 사람에 비해 스마트폰을 더 장시간 사용하는 것인지는 명확하게 밝혀지지 않았다. 우울증과 불안장애의 증상들이 다양한 감각을 충분히 활성화하지 못하는 소통방식과 관련이 있는지는 아직 다양한 추측만 존재할 뿐이다. 터치 감각 자극의 부족이 어린이와 청소년의 뇌 발달에 어떤 영향을 미치는지도 아직 밝혀진 것이 없지만 머지않아 밝혀질 것이다. 그러나 우리는 모두 각자의 경험을 통해 연인이나 친구를 직접 만나 대화를 나누는 것이 메신저로 대화를 주고받는 것보다 훨씬 더 만족스럽다고 말할 수 있다. 친구가 아무런 의미 없이 쓴 문장인데도 어투를 부정적으로 오해해 문제가 생긴 경험 역시 누구나 한 번 쯤 있을 것이다. 오해가 발생하는 것은 어찌 보면 너무나 당연하고 예견된 일이다. 사람 사이의 커뮤니케이션은 문자 언어 이외의 여러 방법을 동원해 이루어지기 때문이다.

　시장은 오래전부터 이 사실에 주목하였고 수많은 스타트업 기업들은 원격 터치 방법들을 개발해 가상공간을 통해 비시각적이고 비언어적 소통을 가능케 하고 있다. 'InTouch'는 서로 다른 공간에 있는 사람들이 똑같은 물체를 가지고 상호작용을 하는 듯한 착각이 들게 하는 솔루션이다. 예컨대 다니엘과 스테파니가 이 장치를 하나씩 가지고 있다면 스테파니가 장치를 조작할 때 생기는 변화가 다니엘의 손에 있는 장치에서도 똑같이 일어나는 것이다. 1997년에 처음 실시된 실험에서는 3개의 회전하는 롤러로 구성된 장치가 등장하는데, 한쪽에서 롤러를 돌리면 멀리 떨어져 있는 다른 쪽에서도 롤러가 돌아가게 된다. 이 기술을 접목해 멀리 떨어져 있는 두 사람이 쉽게 반죽하듯 변형할 수 있는 물체를 가지고 함께 어떤 모양을 만들어나간다고 상상해 보자. 이를 통해 물리적으로 함께 있는 것 같은 느낌을 줄 수 있을 것이다. 그러나 상대방을 직접적으로 사랑스럽게 터치해 생기는 사회적 효과는 결코 불러일으킬 수 없을 것이다.

유사한 아이디어에서 2001년 탄생한 'RobotPHONE'은 서로 다른 공간에 있는 사용자에게 로봇을 통해 발신자의 모습을 재현해 전달하는 기술이었다. 이는 커뮤니케이션의 중요한 요소인 표정과 몸짓을 대체할 수 있는 가능성을 보여주었다. 로봇은 곰인형이나 사람의 모습을 한 작은 아바타로, 사람의 표정과 몸짓을 흉내 내었다. 개발자의 원래 생각은 떨어져 있는 두 사람이 곰인형 로봇을 하나씩 가지고 있고, 한 사람이 곰인형의 두 팔을 움직이면 다른 사람의 곰인형 팔도 움직이게 하겠다는 것이었다. 기술의 발전으로 '발신자'가 더 이상 로봇일 필요도 없다. 소통을 하는 두 사람에게 그 표정이나 몸짓을 결정짓는 부위에 센서를 부착하면 표정을 짓거나 몸짓을 취할 때, 수신자의 로봇에 발신자의 표정이나 몸짓이 거의 실시간으로 전송 및 반영된다. 수신자의 로봇도 굳이 곰인형 형태일 필요도 없다. 3D 프린터를 이용해 발신자의 미니어처를 출력해 사용할 수도 있다. 멀리 떨어져 있는 파트너에게 자신과 꼭 닮은 인형을 쥐여 주고 직접 인형의 표정과 몸짓을 조종하는 것이다. 멋진 일일까? 아니면 무서운 일일까? 나도 잘 모르겠다.

그 외에도 물리적으로 가까이 있는 느낌과 촉감을 재현

하기 위해 진동과 열을 이용하는 기술들도 있다. 사용자가 신체적 접촉이 주는 느낌을 마치 문자 메시지를 보내듯 전송하는 기술들이다. 대부분의 프로젝트는 이를 구현하기 위해 조이스틱이나 작은 바이브레이터 형태의 도구를 이용한다. 요즘 유행하는 건강정보 추적장치fitness tracker처럼 "웨어러블"의 형태도 생각해볼 수 있다. 예를 들어 두 사람이 체온센서가 내장된 펜던트가 있는 목걸이를 하나씩 착용하면 된다('Familyware'라는 프로젝트의 기본 개념이다). 다니엘이 스테파니가 그리워 그 감정을 표현하려면 펜던트를 손에 꼭 쥐어서 펜던트가 감지하는 온도를 올리면 된다. 그러면 그 온기가 스테파니의 펜던트에 그대로 전해지는 것이다. 온기나 따스함은 이미 설명했듯이 친밀감을 잘 전달한다. 스테파니는 자신의 펜던트가 따듯해지면 남자친구인 다니엘이 자신을 보고 싶어한다는 것을 알 수 있다. 이러한 방식은 스마트폰을 통해 전송된 메시지를 읽는 것보다 간편하고 일상을 덜 방해하는 방식이다. 동시에 "난 네가 보고 싶어"라는 메시지보다 훨씬 더 은밀하고 감정을 직접적으로 전달하는 방식이기도 하다.

2007년에 소개된 'Keep in Touch'라는 프로젝트는 터치와 시각적 자극을 연결했다. 앞에서 살펴본 것처럼 시각과 촉각 감각은 긴밀하게 연계되어 있다. (앞에서 소개한) 고무손-실험에서 살펴보았듯이 쓰다듬는 행위를 볼 때 인지한 시각적 자극은, 쓰다듬는 촉감을 느끼는 데에도 영향을 주었다. 반대로 우리는 키스할 때 눈을 감아 시각을 차단함으로써 피부 접촉이 주는 느낌을 더 강하게 느끼려 한다. 'Keep in Touch'는 부드러운 소재로 만든 일종의 터치스크린 위에 파트너의 사진을 흐릿하게 보여준다. 이 스크린에는 센서들이 있어서 스크린을 터치하면 사진 속 터치한 부분에 초점이 또렷해진다. 파트너 둘이 상호작용을 하지 않는 이상 각각의 스크린 위 사진은 흐릿하게 보일 뿐이다. 두 사람이 스크린을 만지며 적극적으로 상호작용을 하면 서로의 사진이 또렷해진다. 물론 이러한 방식으로 직접적으로 서로를 터치하는 행위를 결코 대체할 수는 없겠지만, 여러 기술을 접목하면 터치스크린을 이용해 파트너를 터치했을 때 손이 닿은 부분에 대응하는 실제 신체부위가 따뜻해지게 하는 발전된 방법도 가능하다. 이 아이디어를 실현한 것이 '허그셔츠Hug-Shirt'다. 이 장치는 엄청나게 많은 케이블이 복잡하게 달린 괴기스러운 실험장비처럼 생기지 않고 지극히 평범해 보이는 티셔츠이다. 감정을 공유하고자 하는 두 사람은 같은 버전의 티셔츠를 입고 앱을 설치하면 된다. 한 사람이 포옹하는 자세를 취하면 티셔츠가 포옹 시의 체온과 심박수와 접촉지점을 파악하여 이 정보를 상대방이 입은 티셔츠로 전송한다. 다니엘이 이 티셔츠를 이용한다면 지구 반대편에 사는 여자친구에게 포옹하는 느낌을 그대로 전송할 수 있게 된다. 물론 상대방이 반드시 허그셔츠를 입고 있어야 가능할 테니 아마도 먼저 여자친구에게 허그셔츠를 입으라는 메시지를 전송해야 할 것이다. 설사 여자친구가 항상 허그셔츠를 입고 지낸다고 하더라도 포옹을 하기에 부적절한 상황일 때 전송하면 문제가 될 것이다. 중요한 프레젠테이션을 하고 있는데 갑자기 입고 있던 셔츠가 스테파니를 감싸 안고 쓰다듬는 자극을 보낸다면 상당히 곤란해질 것이다. 터치가 기분 좋은 일이 되기 위해서는 터치가 이루어지는 상황이 맞아 떨어져야 한다. 맥락과 무관하게 뜬금없이 스킨십을 전송하는 것은 그 의도와 반대로 불쾌감을 줄 수 있다. 또 해킹문제도 있을 수 있는데, 인터넷에 연결된 옷이 해킹을 당할 경우 일어날 수 있는 일들은 생각조차 하기 싫다!

새로운 기술의 긍정적인 측면으로 돌아가 생각해보자. 우리 사회는 고령화되고 있어서 간호와 요양 서비스에 대한 요구가 점점 높아지고 있다. 이와 관련된 산업 역시 사람 사이의 터치가 갖는 효과에 관심을 보이기 시작했다. 수많은 연구결과들은 돌보는 사람(이하 요양사)의 친절한 스킨십이 긍정적 효과가 있음을 입증해준다. 터치는 케어를 받는 사람과 요양사와의 관계를 개선하는 수준을 넘어 실질적으로 건강상태를 개선해주므로 병원이나 건강보험 회사 등이 터치에 대해 상업적인 차원에서도 관심을 가질 것이다. 그러나 요양사들의 입장에서는 필요 이상의 추가적인 신체적 접촉을 통해 관심을 표현하기가 쉽지 않고, 수행해야 할 임무 범위의 신체적 접촉을 넘어서는 터치를 원하지 않을 것이다. 이에 대한 좋은 대안이 바로 애완동물이다. 애완동물들은 주인의 건강 상태를 호전시키는데 놀라운 효과가 있음을 앞서 살펴보았다. 그러나 애완동물이 모든 요양원에서 환영받는 것도 아니며, 요양원의 상황상 애완동물이 함께 지내기 불가능한 경우도 많다. 그러니 애완동물의 역할을 수행할 로봇을 개발한다는 소식은 그리 놀랍지 않다. 미국 MIT에서 'Huggable'('껴안을 수 있는'이라는 뜻)이라는 이름의 로봇이 개발되었다. 물렁물렁한 실리콘 재질에 부드러운 털이 가득 뒤덮고 있고 온도 및 압력 등을 감지하는 많은 센서가 있는 곰인형 로봇이다. 이 로봇은 터치를 감지하고 분류한 다음 적절한 반응을 보인다. 놀랍게도 이 곰인형 로봇은 간지럼 태우기, 찌르기, 긁어주기, 때리기, 쓰다듬기, 두드리기, 문지르기, 안아주기 같은 다양한 종류의 터치를 구분한다. 어느 정도의 강도와 시간 동안 특정 터치가 이루어지는지를 파악한 후 로봇은 해당 터치가 긍정적인지 부정적인지 구분하고 그에 맞게 반응한다. 여기에서 반응이란 소리를 내거나 움직인다는 뜻이다. 예컨대 곰인형을 쓰다듬으면 행복한 반응을 보이며 세게 내리치면 고통스러워하고 간지럼을 태우면 웃는 반응을 보인다. 로봇의 개발자는 이 곰인형이 사람 사이의 상호작용을 대체해줄 수 없고 단지 "보완"해 줄 뿐이라고 강조했다. 치료견들이 치료사를 대체하지는 못하지만 환자의 다양한 반응을 유도해내는 것처럼 말이다. 그러나 연구자들이 사회적 신체접촉에 반응하는 로봇의 개발이 결코 요양사의 일자리를 위협하지 않을 것이라고는 약속할 수는 없다. 곰인형의 눈에는 카메라, 귀에는 마이크가 장착되어 있다. (내 눈에는 다소 무섭기까지 하다.) 그리고 앞서 소개한 'RobotPHONE'의 곰인형처럼 원격조종이 가능하다. 그래서 일종의 아바타-로봇 역할을 하기도 하는데, 예컨대 자녀의 곁에 있어 주지 못하는 부모라면 아바타-곰인형이 도움이 될 수 있다. 개인적으로 나는 이러한 기능을 하는 로봇 역시 상상만 해도 무섭다. 그러나 이러한 기술들이 실질적으로 크게 도움이 되는 상황들은 충분히 있을 수 있다. 예를 들어 아이들이 격리된 채 중환자실에 있어야 한다면 유용할 수 있다.

증강현실 및 가상현실 기술의 경이로운 발전을 보면, 이 기술들이 머지않아 우리 커뮤니케이션 방식의 일부가 될 것이라 예상된다. 현재도 센서를 통해 전신의 움직임을 추적하고 곧장 가상현실에 구현하는 것이 이미 가능하다. 가상현실에서의 최초의 연구들은 장갑이나 조끼를 이용해 터치가 주는 느낌을 느낄 수 있게 했다. 다시 말해 가상현실에서 어떤 물체를 만지면 장갑을 통해 그 물체의 표면을 실제로 만졌을 때 느껴지는 자극이 전달되게 했다. 개발자들은 다음 단계로 전신이 작은 자석으로 뒤덮인 'Skinterface'와 같은 전신수트를 연구하고 있다. 전기신호들이 자석을 진동시키고 온몸으로 감각을 느낄 수 있게 해주는 기술이다. 'Tesla Suit' 역시 전기 자극을 통해 여러 자극과 느낌을 경험할 수 있게 하는 수트다. 이러한 기술들은 사용자들이 가상세계를 들여다

보는 방청객을 넘어, 가상세계로 완전히 들어가게 해준다. 즉 '몰입Immersion'을 가능케 한다.

한 걸음 더 나아가 컨트롤러나 장갑, 티셔츠 등의 도구 대신 초음파나 고압장을 통해 가상현실에서 터치를 전달하는 방법에 도전하는 스타트업들도 있다. 이러한 기술의 경우 사용자가 더 이상 특정 물체나 도구에 의존하지 않아도 된다. 개발자들은 이 방법을 이용하면 가상세계에서 다양한 형태와 재료를 느낄 수 있게 될 것이라 말한다. 그렇게 되면 온라인 게임에 완전히 몰입할 수 있을 뿐 아니라, 온라인 쇼핑을 하면서 사고자 하는 물건의 무게를 측정하거나 옷의 소재를 느껴볼 수 있게 될 것이다.

대체 불가

기술적으로 매우 흥미롭고 중요한 아이디어와 발전이지만 당분간은 보조적 역할만 수행할 것이다. 어떤 터치를 시뮬레이션할 수 있다 하더라도 우리는 (아직은?) 실제 사람의 터치와 어떤 사물, 로봇이나 기기를 통해 전달되는 터치를 명확하게 구분할 수 있다. 3장에서 우리는 우연히 이루어지는 친절한 터치가 다른 사람을 돕거나 종업원에게 팁을 더 줄 확률을 높인다는 사실을 보았다. 그러나 일명 미다스의 효과라 불리는 이 효과는 사람이 했을 때만 나타난다. 사람이 아닌 접촉시뮬레이터와 같은 장치에 의한 터치는 아무런 효과가 없다. 그것은 접촉 자체 즉, 물리적 자극이 그러한 효과를 불러일으키는 것이 아니라 사람과 사람 사이의 터치를 수반하는 상호작용이라는 측면이 그러한 효과를 가져다준다는 것을 의미한다. 우리는 어깨를 다정하게 두드려 주는 것이 사람이라는 사실을 알아야 터치가 불러일으키는 긍정적 효과를 경험할 수 있게 된다.

신경과학 분야의 연구들도 동일한 결론을 내렸다. 한 연구에서는 실험참가자들에게 자신의 손과 나무로 만든 작은 마사지 봉으로 진짜 사람의 손과 가짜 손을 건드려보도록 하였다. 실험참가자들이 자신의 손으로 진짜 사람의 손을 만진 경우에는 이 터치가 뇌에서 나머지 접촉들과 다르게 처리된다는 사실이 확인되었다. 다시 말해 사람 사이의 직접적인 터치는 매우 특별한 자극으로 분류되며 아무리 기술이 발전한다고 해도 대체하기 어려워 보인다. 그러나 전화기가 처음

발명되고 확산되기 시작했을 때도 사람들이 비슷한 이야기를 하지 않았던가? 물론 얼굴을 마주 보고 하는 대화와 전화통화가 전적으로 같다고 말하는 사람은 없을 것이다. 하지만 전화기는 예상했던 것보다는 훨씬 더 중요한 커뮤니케이션 수단으로서 자리를 차지하게 되었다. 그러니 접촉시뮬레이터도 조만간 예상보다 널리 대중화되고 중요한 소통의 도구가 될 수도 있다.

　기술이 상당히 발전했음에도 불구하고 아직까지는 그 어떤 대안도 다른 사람과 실제로 함께 하는 경험을 대체하지는 못했다. 그러나 스킨십을 대체해주는 기술을 이용해본 대다수의 사람은 감정을 전달하는 데 도움이 되었다고 말하며 가상의 도구들을 모두 긍정적으로 평가했다. 다니엘과 스테파니, 그리고 물리적으로 떨어져 지내야 하는 커플이나 가족들은 머지않아 더 기술이 발전되어 떨어져 지내는 시간을 덜 외롭게 보낼 수 있기를 바랄 것이다. 그러나 그러한 기술이 (적어도 지금까지는) 보조적인 수단일 뿐 실제로 사랑하는 사람과 함께했을 때 우리가 경험하게 되는 심리적이고 생리적인 효과를 동일하게 재현해내지는 못한다는 사실을 잊어서는 안 된다.

디지털화로 우리는 지구 반대편에 사는 사람과도 언제든 대화할 수 있게 되었다. 정말 대단한 일이다. 그 덕에 우리는 시야가 넓어지고 멀리 있는 사람과도 협력하고 다른 사람과 보다 효율적이고 빠르고 쉽게 상호작용할 수 있게 되었다. 과거에는 손으로 쓴 편지를 우체국에 직접 가서 부쳐야 했지만, 이제는 스마트폰에 단어 몇 개만 입력하면 소식을 전할 수 있다. 과거에는 상상조차 할 수 없었을 만큼 편리해졌다. 나는 한 달 넘게 장거리 연애를 해본 경험이 있는데, 영상통화 기술이 발전해 정말 다행이라 생각했었다. 나도 그렇지만 주변 친구들을 보면 대부분이 부모님과 떨어져 다른 지역이나 다른 나라에 살고 있다. 그래서 아이가 태어나면 멀리 떨어져 사는 부모님은 손주를 휴대폰이나 PC 화면으로 보며 할아버지 할머니 노릇을 한다. 손주와 영상통화로 이야기를 나누기도 하고 책을 읽어주기도 하면서 (이렇게 표현해도 되는지 모르겠지만) '함께 시간을 보낸다'. 영상통화라는 것을 잘 이해하지 못하는 아이들은 영상 속 할아버지 할머니를 실제로 마주하고 있는 듯 반응하며 소통한다. 아이들은 실제 만남과 영상통화를 잘 구분하지 못한다. 우리 둘째 아이 역시 종종 영상 속 할아버지에게 사과를 들이밀기도 하고 먹을 것을 입에 넣어주려 한다. 이렇듯 온전하게 소통하기에 영상통화로는 부족한 것이 사실이다. 그래서 그런지 아이들은 영상통화를 하다가도 금방 흥미를 잃고 다른 놀이를 하려고 한다. 만약 기술이 발전하여 영상통화를 하면서 터치도 가능해진다면 지금보다 소통이 훨씬 수월해지고 질적으로 좋아질 것이다. 나는 개인적으로 가상현실에 관심이 많고 가상현실이라는 낯설고 환상적인 세계를 흥미롭게 생각한다. 그러나 동시에 현실과 가상현실을 구분하지 못하거나 구분하려 하지 않는 시대가 도래하게 될까 봐 겁이 나기도 한다. 이미 20여 년 전 이러한 문제를 다룬 영화 「매트릭스」와 같은 상황이 현실이 될까 무섭다. 이 영화는 우리에게 아름다운 컴퓨터 시뮬레이션 속에서 살기를 원하는지, 아니면 추하지만 현실 속에서 살기를 원하는지를 묻고 있다.

가상현실 기술의 발전에는 부작용이나 문제가 뒤따를 수밖에 없다는 사실은 누구나 알고 있다. 그렇지만 나는 이 책을 통해 실제 경험의 중요성을 한번 더 강조하고 싶다. 우선 가상세계에서의 경험과 실제 경험이 우리에게 같은 영향을 주는지는 아직 아무도 정확하게 설명할 수 없다. 머지않아 가상의 경험과 실제적 경험이 심리나 신체에 미치는 영향에 관한 많은 연구 결과들이 발표되고 명확하게 설명될 것이다. 또한 기술도 계속 발전하여 가상 경험이 실제 경험에 점점 더 가까워질 것이다. 하지만 구식인지 모르지만 나는 아무리 기술이 발전한다 해도 실제로 에베레스트산에 오르는 경험은 가상현실 속에서 높은 산을 등반하는 것과는 비교할 수 없다고 생각한다. 물론 실제 경험에는 가상세계와는 달리 실제 위험이 뒤따른다. 실제로 산을 오를 경우 다치거나 사고로 죽을 수도 있지만, 가상현실에서는 그럴 위험이 없다.

또 한 가지 이야기하고 싶은 점이 있다. 바로 기술의 발전을 이용해 모든 일을 간단하고 쉽게 해결해버리거나, 애초에 어떤 복잡한 문제나 불편함이 발생하지 않도록 막아버릴 경우 우리는 중요한 경험을 놓치게 된다는 사실이다. 과거에는 사랑하는 사람이 여행길에 오르면 그를 얼마간 볼 수 없었다. 그리워하다 그가 다시 돌아오면 반기며 행복해했다. 두 사람은 떨어져 있는 동안 일어난 일들에 대해 이야기하고, 떨어져 지내며 나누지 못한 스킨십을 통해 재회의 기쁨을 나누었다. 그러나 오늘날에는 영상통화 기술이 발전해 멀리 있는 사람과도 언제든 연락이 가능해져 아무리 오래 떨어져 있다가 만난다 해도 특별히 할 얘기가 없다. 수시로 연락해 각자 상황에 대해 알리기 때문이다. 게다가 오늘날에는 무엇이든 언어로 묘사하기보다 사진을 전송해 설명하기 때문에 아름다운 풍경이나 특별한 분위기 등에 대하여 이야기하는 법을 잊어버리기 시작했다. 또한 모든 상황의 사진을 항상 볼 수 있기 때문에 상황, 사물 및 다른 사람들을 상상해보는 방식을 잊어 버린다. 그래도 우리는 오랜 시간 만나지 못한 사람과의 스킨십에 대한 그리움은 아직 그대로 유지하고 있다. 그러나 이마저 기술의 발전으로 스킨십을 할 때 느낌을 그대로 느낄 수 있게 해주는 소위 터치 시뮬레이터가 대중화되어 멀리 떨어져 있는 상대라도 수시로 "원격" 터치 할 수 있

게 된다면, 누군가를 아주 오랜만에 만나더라도 다시 함께한
다는 설렘조차 느끼지 못하게 될 것이다. 그렇게 된다면 누
군가와 같은 공간에 실제로 함께 하는 것의 가치가 점점 줄
어들 것이다. 적어도 내 눈에는 그렇게 보인다. 수많은 문학,
미술, 음악 작품은 작가나 작곡가가 사랑하는 사람과 물리
적으로 떨어져 있어 느꼈던 가슴 시린 그리움 덕에 탄생할
수 있었다. 포옹하는 느낌을 메시지를 전송하듯 아주 간단
하게 보낼 수 있게 된다면, 더 이상 누가 사랑하는 사람에게
로맨틱한 발라드로 그리움과 열정을 표현할 것인가?

터치가 뇌에서 어떻게 처리되는지를 조사하는 것은 쉬운 일이 아니다. 왜냐하면 뇌 연구분야에서 가장 흔히 사용되는 방식인 MRI 촬영을 위해서는 실험대상자가 좁은 스캐너 통에 들어가 최대한 가만히 있어야 한다. 그러다 보니 매우 제한적인 실험만 가능하다. 좁은 스캐너 안에서 등을 바닥에 대고 누워있는 상태에서 누군가 팔을 쓰다듬는 느낌은 일상생활에서 터치의 느낌과 분명 다를 것이다. MRI 촬영 중에는 사람 사이의 터치가 즉흥적이거나 자연스럽지 않고, 대화하거나 로맨틱한 분위기 속에서 촬영이 이루어지지 않는다. 게다가 실험참여자는 가능한 한 움직이지 않아야 측정 시 오류가 발생하지 않기 때문에 머리는 고정되어야 한다. 그러다보니 실험참여자는 평상시와 같은 방식으로 터치에 반응하지 못한다. 다시 말해 애정 어린 손길을 느낄 때 자연스럽게 상대를 바라보거나 상대에게 터치로 응답할 수 없다. 특히 영유아를 대상으로 한 MRI 연구는 아이가 잠을 잘 때만 가능하다.

몸을 보다 자유롭게 움직일 수 있는 다른 방법으로는 NIRS(근적외분광분석법)이 있다. 실험참여자들은 반사되는 적외선의 변화를 탐지하는 적외선 송신기와 센서들이 달린 헬멧 형태의 장치를 머리에 쓴다. 적외선은 뇌 속 혈중 산소 포화도에 따라 파장이 변한다. 그래서 NIRS는 MRI와 마찬가지로 신경세포의 활성화를 직접적으로 측정하는 것이 아니라 공급되는 산소의 양을 측정한다. 신경세포가 활성화될수록 더 많은 산소가 소비된다는 전제하에 이루어지는 간접적 측정이다. 또한 이 방법은 상대적이다. 어떤 부위가 다른 부위에 비해 더 많은 산소가 사용되고 있는지, 아니면 같은 부위라도 자극이 주어지면 더 많은 산소를 필요로 하는지 확인할 뿐이다.

여기에서 뇌 연구가 겪는 근본적인 문제가 드러난다. 무언가 측정되고, 어떤 활동의 차이가 발견되면 측정된 값이나 현상을 분석하고 해석하고 토론할 수 있다. 그러나 아무것도 측정되거나 확인되지 않는다면? 그렇다고 해서 뇌에서 아무 일도 일어나지 않은 것은 아니다. 어쩌면 현대과학의 방법으로 측정하지 못하는 것뿐일 수 있다. 또한 발표된 수많은 기능적MRI 연구결과들은 시간이나 공간적 제약 속에서 진행된 실험이나 관찰 결과이므로, 뇌에서 일어나는 일들을 매우 단순화해 대략적으로만 설명해준다. 기능적MRI 연구들은 혈액 속 변화를 측정할 때 일명 복셀voxel 즉, 몇 세제곱 밀리미터 정도의 정육면체 크기의 단위를 사용한다. 그런데 1복셀 안에는 백만 개의 세포가 존재할 수 있다! 측정시간은 1~2초 정도다. 그 사이 뉴런은 다른 뉴런에 수백 번의 신호를 보낼 수 있다. 바로 이 신호가 우리가 관심을 두는 대상이다. 문제는 이 신호를 직접적으로 측정할 수 없다는 것이다. 혈액 속 산소량의 변화를 통해 간접적으로 신호의 변화를 유추할 뿐이다. 활성화된 세포는 산소를 필요로 하므로 세포가 위치한 주변의 혈액 속 산소의 양이 변할 것이라는 가정하에 역으로 유추를 하는 것이다. 따라서 MRI 관찰결과 특정 부위가 활성화되었다는 말은 그 부위에 존재하는 세포에 공급되는 산소의 양이 증가했다는 뜻이다. 그리고 이를 근거로 그 부위에 존재하는 세포가 활성화되었다고 간주하는 것이다.

이러한 측정 결과를 분석하는 데 있어서 또 하나의 문제가 발생한다. 이 복셀 안에서 어떤 종류의 세포들이 활성화되었는지 정확하게 알 수 없다는 문제다. 1복셀 안에 존재할 수 있는 백만 개의 세포 중에는 뉴런만 있는 게 아니라, 예컨대 뇌의 면역세포인 미세아교세포microglia도 존재한다. 또한 매우 다양한 뉴런 중 어떤 뉴런이 활성화되었는지도 확인되지 않는다. 멀리 떨어져 있는 뇌 부위에 이르는 축삭돌기를 가진 투사뉴런projection neuron, 같은 부위 내 뉴런들을 연결하는 사이뉴런interneuron, 다른 뉴런을 자극하는 뉴런, 반대로 다른 뉴런의 활동을 억제하는 뉴런 등 뉴런의 종류는 무수히 많다. 그렇다고 해서 MRI연구 결과들이 의미가 없다는 것은 아니다. 사진, 소리 또는 터치 같은 단순한 자극의 처리는 잘 디자인된 실험과 MRI기술을 통해 충분히 측정할 수 있다. 다만 측정된 데이터의 해석에 있어서 신중해야 한다는 뜻이다. 특히 복합적인 작용을 측정할 때에는 더더욱 그래야 한다. 다시 말해 MRI기술을 이용해 누군가가 사랑이나 의식이 어디에 위치하는지를 찾아냈다고 주장한다면 우리는 의심해야 한다.

들어가며

Gemeingefühl: Weber, E. H. (1846). Handwörterbuch der Physiologie mit Rücksicht auf physiologische Pathologie Bd 3, Abt 2 (ed. Wagner, R., Biewig und Sohn, Braunschweig), 481 – 588.

Interozeption: Craig, A. D. (2002). How do you feel? Interoception: the sense of the physiological condition of the body. Nature reviews neuroscience 3(8), 655 – 666.

1장

Positive Effekte von Berührung auf das Neugeborene: Winberg, J. (2005). Mother and newborn baby: mutual regulation of physiology and behavior – a selective review. Dev Psychobiol. 47(3), 217 – 229.

DeChateau, P. W. B. (1977). Longterm effect on mother–infant behaviour of extra contact during the first hour postpartum. Acta Paediatr Scand. 66, 145 – 151.

Bystrova, K., Ivanova, V., Edhborg, M., et al. (2009). Early contact versus separation: effects on mother–infant interaction one year later. Birth. 36, 97 – 109.

Nach 10 Jahren sehen wir noch Effekte von mehr Körperkontakt bei Frühchen: Feldman, R., Rosenthal, Z., Eidelman, AI. (2014, Jan 1). Maternalpreterm skintoskin contact enhances child physiologic organization and cognitive control across the first 10 years of life. Biol Psychiatry. 75(1), 56 – 64.

Rattenmütter und ihre Babys: Champagne, F. A., & Meaney, M. J. (2007). Transgenerational effects of social environment on variations in maternal care and behavioral response to novelty. Behav. Neurosci. 121, 1353 – 1363.

Hellstrom, I. C., Dhir, S. K., Diorio, J. C., & Meaney, M. J. (2012). Maternal licking regulates hippocampal glucocorticoid receptor transcription through a thyroid hormoneserotoninNGFIA signalling cascade. Philos. Trans. R. Soc. Lond. B Biol. Sci. 367, 2495 – 2510.

Gestresste Mäuse und Depression: Peña, C. J., Kronman, H. G.,

Walker, D. M., Cates, H. M., Bagot, R. C., Purushothaman, I., … & Goodman, E. (2017). Early life stress confers lifelong stress susceptibility in mice via ventral tegmental area OTX2. Science 356(6343), 1185 – 1188.

Stress in der Kindheit und Depressionsanfälligkeit: Heim, C., & Binder, E. B. (2012). Current research trends in early life stress and depression: Review of human studies on sensitive periods, gene–environment interactions, and epigenetics. Experimental neurology 233(1), 102 – 111.

Die Experimente mit Babyaffen und Drahtmüttern: Harlow, H. F. (1958). The nature of love. American psychologist 13(12), 673.

Die Entdeckung der C-taktilen Fasern: Olausson, H., Lamarre, Y., Backlund, H., Morin, C., Wallin, B. G., Starck, G., … & Bushnell, M. C. (2002). Unmyelinated tactile afferents signal touch and project to insular cortex. Nature neuroscience 5(9), 900 – 904.

Babys werden lieber gestreichelt als passiv berührt: Jean, A. D., Stack, D. M., & Fogel, A. (2009). A longitudinal investigation of maternal touching across the first 6 months of life: age and context effects. Infant Behav. Dev. 32, 344 – 349.

Die Haut eines anderes erscheint uns weicher als unsere eigene: Gentsch, A., Panagiotopoulou, E., & Fotopoulou, A. (2015). Active interpersonal touch gives rise to the social softness illusion. Current Biology 25(18), 2392 – 2397.

Nervenenden und Haarfollikel: Weddell, G., Pallie, W., & Palmer, E. (1954). The morphology of peripheral nerve terminations in the skin. Journal of Cell Science 3(32), 483 – 501.

Haarfollikel-Verteilung bei Erwachsenen: Otberg, N., Richter, H., Schaefer, H., BlumePeytavi, U., Sterry, W., & Lademann, J. (2004). Variations of hair follicle size and distribution in different body sites. Journal of Investigative Dermatology 122(1), 14 – 19.

Kein Zusammenhang zwischen Follikeldichte und Streicheln: Jonsson, E., Bendas, J., Weidner, K., Wessberg, J., Olausson, H., Wasling, H.B, Croy, I., (2017), Scientific Reports, in press.

Aktivierung im Gehirn beim Streicheln: McGlone, F., Wessberg, J., & Olausson, H. (2014). Discriminative and affective touch: sensing and feeling. Neuron 82(4), 737 – 755.

Zwillinge berühren sich im Mutterleib: Castiello, U., Becchio, C., Zoia, S., Nelini, C., Sartori, L., Blason, L., … & Gallese, V. (2010). Wired to be social: the ontogeny of human interaction. PloS one 5(10), e13 199.

Taktiles Objekterkennen bei Neugeborenen: Lejeune, F., Audeoud, F., Marcus, L., Streri, A., Debillon, T., & Gentaz, E. (2010). The manual habituation and discrimination of shapes in preterm human infants from 33 to 34 + 6 postconceptional age. PLoS One 5(2), e9108.

Aktivierung bei Babys bei Berührung: Kida, T., & Shinohara, K.

(2013). Gentle touch activates the prefrontal cortex in infancy: an NIRS study. Neurosci. Lett. 541,63 – 66.

Aktivierung beim Stillen: Bembich, S., Davanzo, R., Brovedani, P., Clarici, A., Massaccesi, S., & Demarini, S. (2013). Functional neuroimaging of breastfeeding analgesia by multichannel near-infrared spectroscopy. Neonatology 104(4), 255 – 259.

Risiken von Frühgeburten: Pugliese, M., Rossi, C., Guidotti, I., Gallo, C., Della Casa, E., Bertoncelli, N., ... & Ferrari, F. (2013). Preterm birth and developmental problems in infancy and preschool age Part II: cognitive, neuropsychological and behavioural outcomes. The Journal of MaternalFetal & Neonatal Medicine 26(16), 1653 – 1657.

Künstliche Gebärmutter: Bulletti, C., Palagiano, A., Pace, C., Cerni, A., Borini, A., & de Ziegler, D. (2011). The artificial womb. Annals of the New York Academy of Sciences 1221(1), 124 – 128.

Massage bei Frühchen: Abdallah, B., Badr, L. K., & Hawwari, M. (2013). The efficacy of massage on short and long term outcomes in preterm infants. Infant behavior and development 36(4), 662 – 669.

2장

Das materielle Selbst: Sherrington, C. S. (1900). Textbook of

Physiology (ed. Schäfer, E. A., Pentland, Edinburgh, UK), 920 – 1001.

Die leibliche Selbstgegebenheit: Husserl, E. (1952). Ideen zu einer reinen Phänomenologie und phänomenologischen Philosophie: Die Phänomenologie und die Fundamente der Wissenschaften; herausgegeben von Marly Biemel. Buch 3 (ed. Biemel, M., Nijhoff).

Aktivierungen bei visueller und auditorischer Abschwächung: Straube, B., van Kemenade, B. M., Arikan, B. E., Fiehler, K., Leube, D. T., Harris, L. R., & Kircher, T. (2017). Predicting the Multisensory Consequences of One's Own Action: BOLD Suppression in Auditory and Visual Cortices. PloS one 12(1), e0 169 131.

Kommunikation durch Berührung: Hertenstein, M. J., Keltner, D., App, B., Bulleit, B. A., & Jaskolka, A. R. (2006). Touch communicates distinct emotions. Emotion 6(3), 528.

Emotionsregulierung durch Berührung der Mutter: Hertenstein, M. J., & Campos, J. J. (2001). Emotion regulation via maternal touch. Infancy 2(4), 549 – 566.

Positive Effekte von Streicheleinheiten beim Kind: Peláez-Nogueras, M., Field, T., Gewirtz, J. L., Cigales, M., Gonzalez, A., Sanchez, A., & Richardson, S. C. (1997). The effects of systematic stroking versus tickling and poking on infant behavior. Journal of Applied Developmental Psychology 18(2), 169 – 178.

Hautkontakt hilft Kindern beim Arzt: Gray, L., Watt, L., & Blass, E. M. (2000). Skintoskin contact is analgesic in healthy newborns. Pediatrics 105(1), e14–e14.

3장

Der Midas-Effekt: Crusco, A. H., & Wetzel, C. G. (1984). The midas touch the effects of interpersonal touch on restaurant tipping. Personality and Social Psychology Bulletin, 10(4), 512 – 517.

Berührung und Speisenauswahl: Guéguen, N., Jacob, C., & Boulbry, G. (2007). The effect of touch on compliance with a restaurant's employee suggestion. International Journal of Hospitality Management 26(4), 1019 – 1023.

Berührung und Petitionsteilnahme: Willis Jr, F. N., & Hamm, H. K. (1980). The use of interpersonal touch in securing compliance. Journal of Nonverbal Behavior 5(1), 49 – 55.

Berührung und wilder Hund: Guéguen, N., & FischerLokou, J. (2002). An evaluation of touch on a large request: A field setting. Psychological Reports 90(1), 267 – 269.

Berührung und Status: Henley, N. M. (1973). Status and sex: Some touching observations. Bulletin of the Psychonomic Society 2(2), 91 – 93.

Aktivierung bei Wärme: Sung, EunJung, et al. (2007). Brain activation related to affective dimension during thermal stimulation in humans: A functional magnetic resonance imaging study. International Journal of Neuroscience 117.7, 1011 – 1027.

Wärme und Serotonin: Lowry, C. A., Lightman, S. L., & Nutt, D. J. (2009). That warm fuzzy feeling: brain serotonergic neurons and the regulation of emotion. Journal of psychopharmacology 23(4), 392 – 400.

Physikalische und zwischenmenschliche Wärme: Williams, L. E., & Bargh, J. A. (2008). Experiencing physical warmth promotes interpersonal warmth. Science 322(5901), 606 – 607. Einsamkeit und warme Duschen: Bargh, J. A., & Shalev, I. (2012). The substitutability of physical and social warmth in daily life. Emotion 12(1), 154.

Raumtemperatur beeinflusst Nähe-Empfinden: IJzerman, H., & Semin, G. R. (2009). The thermometer of social relations mapping social proximity on temperature. Psychological science 20(10), 1214 – 1220.

Ausgeschlossen werden beeinflusst die Körpertemperatur: IJzerman, H., Gallucci, M., Pouw, W. T., Weißgerber, S. C., Van Doesum, N. J., & Williams, K. D. (2012). Coldblooded loneliness: social exclusion leads to lower skin temperatures. Acta psychologica 140(3), 283 – 288.

Thermoregulation: IJzerman, H., Coan, J., Wagemans, F., Missler, M., van Beest, I., Lindenberg, S. M., & Tops, M. (2014). A theory of social thermoregulation in human primates.

Tiergruppen und Körperwärme: Ebensperger L. A. (2001). A review of the evolutionary causes of rodent groupliving. Acta Theriol. 46, 115 144 10.4098/AT.arch.01 – 16.

Philosophie-Sicht auf den Begriff «Wärme»: Böhme, G. (2002). Synästhesie im Rahmen einer phänomenologischen Theorie der Wahrnehmung. In: Adler, H., Zeuch, U. (Hrsg.). Synästhesie, Würzburg: Königshausen und Neumann, S. 45 – 56.

Schwere Decken und Sicherheit: Mullen, B., Champagne, T., Krishnamurty, S., Dickson, D., & Gao, R. X. (2008). Exploring the safety and therapeutic effects of deep pressure stimulation using a weighted blanket. Occupational Therapy in Mental Health, 24(1), 65 – 89.

Druckmassagen und Autismus: Edelson, S. M., Edelson, M. G., Kerr, D. C., & Grandin, T. (1999). Behavioral and physiological effects of deep pressure on children with autism: A pilot study evaluating the efficacy of Grandin's Hug Machine. American Journal of Occupational Therapy, 53(2), 145 – 152.

Druckmassagen und Angststörung: Billhult, A., & Määttä, S. (2009). Light pressure massage for patients with severe anxiety. Complementary Therapies in Clinical Practice 15(2), 96 – 101.

Berührung beeinflusst die Kaufentscheidung negativ: Martin, B. A. (2012). A stranger's touch: Effects of accidental interpersonal touch on consumer evaluations and shopping time. Journal of Consumer Research 39(1), 174 – 184.

Berührung in der Bibliothek: Fisher, J. D., Rytting, M., & Heslin, R. (1976). Hands touching hands: Affective and evaluative effects of an interpersonal touch. Sociometry, 416 – 421.

Berührungserfahrung in verschiedenen Kulturen und Beziehungen: Suvilehto, J. T., Glerean, E., Dunbar, R. I., Hari, R., & Nummenmaa, L. (2015). Topography of social touching depends on emotional bonds between humans. Proceedings of the National Academy of Sciences 112(45), 13 811 – 13 816.

Einfluss von Geschlecht und Kultur: Dibiase, R., & Gunnoe, J. (2004). Gender and culture differences in touching behavior. The Journal of social psychology, 144(1), 49 – 62.

Kultur und Berührung: Lustig, M. W., & Koester, J. (1996). Intercultural competence: Interpersonal communication across cultures (2nd ed., HarperCollins, New York).

4장

Berührung bei Affen: Dunbar, R. I. (2010). The social role of touch in humans and primates: behavioural function and neurobiological mechanisms. Neuroscience & Biobehavioral

Reviews 34(2), 260 – 268. Berührung als Grundlage der Sprache: Dunbar, R. I. M. (1996). Grooming, gossip, and the evolution of language. Cambridge, MA: Harvard University Press.

Delfine versöhnen sich durch Flossenreiben: Tamaki, N., Morisaka, M., Taki, M. (2006). Does body contact contribute towards repairing relationships? The association between flipperrubbing and aggressive behavior in captive bottlenose dolphins. Behavioral Processes 73, 209 – 215.

Verarbeitung der Berührungsreize im Rückenmark von Mäusen: Abraira, V. E., Kuehn, E. D., Chirila, A. M., Springel, M. W., Toliver, A. A., Zimmerman, A. L., Orefice, L. L., et al. (2016). The Cellular and Synaptic Architecture of the Mechanosensory Dorsal Horn. Cell, 295 – 310.

Lausen und Endorphine: Keverne, E. B., Martensz, N. D., & Tuite, B. (1989). Betaendorphin concentrations in cerebrospinal fluid of monkeys are influenced by grooming relationships. Psychoneuroendocrinology 14, 155 – 161.

Berührung beim Mensch und Opiode: Nummenmaa, L., Tuominen, L., Dunbar, R., Hirvonen, J., Manninen, S., Arponen, E., ... & Sams, M. (2016). Social touch modulates endogenous μopioid system activity in humans. NeuroImage 138, 242 – 247.

Opioide und Reaktion auf Stress: Bershad, A. K., Seiden, J. A., & de Wit, H. (2016). Effects of buprenorphine on responses to social stimuli in healthy adults. Psychoneuroendocrinology 63, 43 – 4.

Pärchen beim Café-Besuch: Burgoon, J. K., Buller, D. B., Woodall, W. G. (1989). Nonverbal Communication: The Unspoken Dialogue (Harper & Row, New York).

Berührungswahrnehmung und Geschlecht: Heslin, R., Nguyen, T. D., & Nguyen, M. L. (1983). Meaning of touch: The case of touch from a stranger or same sex person. Journal of Nonverbal Behavior 7(3), 147 – 157.

Herzliche Menschen sind zufriedener: Floyd, K. (2002). Human affection exchange: V. Attributes of the highly affectionate. Communication Quarterly 50(2), 135 – 152.

5장

Notfallplan zur Rettung schließt Haustiere ein: https://training. fema.gov/ emiweb/downloads/is10comp.pdf

Krebspatienten und Haustiere: Larson, B. R., Looker, S., Herrera, D. M., Creagan, E. T., Hayman, S. R., Kaur, J. S., et al. (2010). Cancer patients and their companion animals: results from a 309patient survey on petrelated concerns and anxieties during chemotherapy, J Cancer Educ 25 (3), 396 – 400.

Haustiere und Senioren: Bernabei, V., De Ronchi, D., La Ferla, T., Moretti, F., Tonelli, L., Ferrari, B., et al. (2013). Animalassisted interventions for elderly patients affected by dementia or psychiatric disorders: a review, J Psychiatr Res 47 (6), 762 – 773.

Tiertherapie im Altenheim: Banks, M. R., Banks, W. A. (2002). The effects of animalassisted therapy on loneliness in an elderly population in longterm facilities, J Gerontol 57A (7), M428–M432.

Majic, T., Gutzmann, H., Heinz, A., Lang, U. E. Rapp, M. A. (2013). Animalassisted therapy and agitation and depression in nursing home residents with dementia: a matched casecontrol trial. Am J Geriatr Psychiatry 21(11), 1052 – 1059.

Aquarium im Essensaal: Edwards, N. E., Beck, A. M. (2002). Animalassisted therapy and nutrition in Alzheimer's disease. West J Nurs Res 24 (6), 697 – 712.

Haustiere beruhigen Gefangene: An institution finds inmates responding well to pet therapy, New York Times (1984 Mar 8): http://www. nytimes.com/1984/03/08/us/aninstitutionfinds-inmatesrespondingwelltopettherapy.html

Reduziertes Sterberisiko für Hundehalter: Levine, G. N., Allen, K., Braun, L. T., Christian, H. E., Friedmann, E., Taubert, K. A., et al. (2013). Pet ownership and cardiovascular risk. Circulation 127, 2353 – 2363.

Bewegung von Hundehaltern: Halm, M. A. (2008 Jul). The healing power of the humananimal connection. Am J Crit Care 17 (4), 373 – 376. Therapiehund: Abrams, L. (2013). Fourlegged therapist: My dog is my cotherapist Reflections: Narratives of Professional Helping, Winter 2009.

Endorphine bei Mensch und Hund: Odendaal, J. S. J. (2000). Animalassisted therapy – magic or medicine? Journal of psychosomatic research 49(4), 275 – 280.

Tiertherapie bei Kindern: Beetz, A., Kotrschal, K., Turner, D. C., Hediger, K., UvnäsMoberg, K., & Julius, H. (2011). The effect of a real dog, toy dog and friendly person on insecurely attached children during a stressful task: An exploratory study. Anthrozoös 24(4), 349 – 368.

Braun, C., Stangler, T., Narveson, J., & Pettingell, S. (2009). Animalassisted therapy as a pain relief intervention for children. Complementary Therapies in Clinical Practice 15(2), 105 – 109.

Tiertherapie bei Autismus: Prothmann A., Ettrich C., Prothmann, S. (2009). Preference of, and responsiveness to people, dogs and objects in children with autism. Anthrozoös 22, 161 – 171.

Sams, M. J., Fortney, E. V., Willenbring, S. (2006). Occupational therapy incorporating animals for children with autism: A pilot investigation. Am J Occup Ther., 2006 MayJun; 60(3):268 – 274.

Bass, M. M., Duchowny, C. A., Llabre, M. M. (2009). The effect of therapeutic horseback riding on social functioning in children with autism. J Autism Dev Disord. 39(9):1261 – 1267.

Ein großartiger Artikel in der New York Times berichtete hierzu: https://www.nytimes.com/2016/12/08/well/move/what-donkeysknowaboutautism.html

Pferde-gestützte Therapie: Wilson, K., Buultjens, M., Monfries, M., & Karimi, L. (2017). EquineAssisted Psychotherapy for adolescents experiencing depression and/or anxiety: A therapist's perspective. Clinical child psychology and psychiatry 22(1), 16 – 33.

Hunde werden gern gestreichelt: Feuerbacher, E. N., & Wynne, C. D. (2015). Shut up and pet me! Domestic dogs (Canis lupus familiaris) prefer petting to vocal praise in concurrent and singlealternative choice procedures. Behavioural processes 110, 47 – 59.

Gantt, W. H., Newton, J. E. O., Royer, F. L., Stephens J. H. (1966). Effect of person Cond. Reflex 1 (1) 146 – 160.

Cook, P. F., Prichard, A., Spivak, M., & Berns, G. S. (2016). Awake canine f MRI predicts dogs' preference for praise versus food. Social Cognitive and Affective Neuroscience, nsw102.

6장

Berührungen senken die Herzfrequenz: Grewen, K. M., Anderson, B. J., Girdler, S. S., Light, K. C. (2003). Warmpartner contact is related to lower cardiovascular reactivity. Behavioral Medicine 29, 123 – 130.

Berührungen reduzieren Stress erfolgreicher als Worte: Ditzen, B., Neumann, I. D., Bodenmann, G., von Dawans, B., Turner, R.

A., Ehlert, U., Heinrichs, M. (2007). Effects of different kinds of couple interaction on cortisol and heart rate responses to stress in women. Psychoneuroendocrinology 32, 565 – 574.

Aktivierung bei Berührung durch männlichen oder weiblichen Versuchsleiter: Gazzola, V., Spezio, M. L., Etzel, J. A., Castelli, F., Adolphs, R., & Keysers, C. (2012). Primary somatosensory cortex discriminates affective significance in social touch. Proceedings of the National Academy of Sciences 109(25), E1657–E1666.

Küssen erhöht Zufriedenheit in der Beziehung: Floyd, K., Boren, J. P., Hannawa, A. F., Hesse, C., McEwan, B., & Veksler, A. E. (2009). Kissing in martial and cohabiting relationships: Effects on blood lipids, stress, and relationship satisfaction. Western Journal of Communication 73, 113 – 133. doi: 10.1080/10 570 310 902 856 071.

Erregung verändert Empfindsamkeit: Jiao, C., Knight, P. K., Weerakoon, P., & Turman, A. B. (2007). Effects of visual erotic stimulation on vibrotactile detection thresholds in men. Archives of sexual behavior 36(6), 787 – 792.

Paterson, L. Q., Amsel, R., & Binik, Y. M. (2013). Pleasure and pain: the effect of (almost) having an orgasm on genital and nongenital sensitivity. The journal of sexual medicine 10(6), 1531 – 1544.

Aktivierungen im Gehirn und Sex: Georgiadis, J. R., Kringelbach, M. L., & Pfaus, J. G. (2012). Sex for fun: a synthesis of human and animal neurobiology. Nature reviews urology 9(9), 486 – 498.

Berridge, K. C., Robinson, T. E., & Aldridge, J. W. (2009). Dissecting components of reward: ‹liking›, ‹wanting›, and learning. Current opinion in pharmacology 9(1), 65 – 73.

Georgiadis, J. R., Reinders, A. A. T., Paans, A. M., Renken, R., & Kortekaas, R. (2009). Men versus women on sexual brain function: prominent differences during tactile genital stimulation, but not during orgasm. Human brain mapping 30(10), 3089 – 3101.

Levin, R. J. (2014). The pharmacology of the human female orgasmIts biological and physiological backgrounds. Pharmacology Biochemistry and Behavior 121, 62 – 70.

Was macht eine Berührung erotisch: Jönsson, E. H., Backlund Wasling, H., Wagnbeck, V., Dimitriadis, M., Georgiadis, J. R., Olausson, H., & Croy, I. (2015). Unmyelinated tactile cutaneous nerves signal erotic sensations. The journal of sexual medicine, 12(6), 1338 – 1345.

Michels, L., Mehnert, U., Boy, S., Schurch, B., Kollias, S. (2010). The somatosensory representation of the human clitoris: an f MRI study NeuroImage 49, 177 – 184.

Ramachandran, V. S., Blakeslee, S., & Sacks, O. W. (1998). Phantoms in the brain: Probing the mysteries of the human mind (William Morrow, New York), 224 – 225.

Turnbull, O. H., Lovett, V. E., Chaldecott, J., & Lucas, M. D. (2014). Reports of intimate touch: Erogenous zones and somatosensory cortical organization. cortex 53, 146 – 154.

Mäuse ohne Oxytocin: Amico, J. A., Mantella, R. C., Vollmer, R. R., & Li, X. (2004). Anxiety and stress responses in female oxytocin deficient mice. Journal of neuroendocrinology 16(4), 319 – 324.

Amico, J. A., Vollmer, R. R., Karam, J. R., Lee, P. R., Li, X., Koenig, J. I., & McCarthy, M. M. (2004). Centrally administered oxytocin elicits exaggerated grooming in oxytocin null mice. Pharmacology Biochemistry and Behavior 78(2), 333 – 339.

Oxytocin bei Schimpansen und Ratten: Crockford, C., Wittig, R. M., Langergraber, K., Ziegler, T. E., Zuberbühler, K., & Deschner, T. (2013). Urinary oxytocin and social bonding in related and unrelated wild chimpanzees. In: Proc. R. Soc. B, Vol. 280, No. 1755, 20 122 765). The Royal Society.

UvnäsMoberg, K., Bruzelius, G., Alster, P., & Lundeberg, T. (1993).

The antinociceptive effect of nonnoxious sensory stimulation is mediated partly through oxytocinergic mechanisms. Acta Physiologica 149(2), 199 – 204.

Massagen lösen Oxytocin Ausschüttung aus: HoltLunstad, J., Birmingham, W. A., & Light, K. C. (2008). Influence of a «warm touch» support enhancement intervention among married couples on ambulatory blood pressure, oxytocin, alpha amylase, and cortisol. Psychosomatic medicine 70(9), 976 – 985.

Oxytocin und Geschlecht: Scheele, D., Kendrick, K. M., Khouri, C., Kretzer, E., Schläpfer, T. E., StoffelWagner, B., … & Hurlemann, R. (2014). An oxytocininduced facilitation of neural and emotional responses to social touch correlates inversely with autism traits. Neuropsychopharmacology 39(9), 2078 – 2085.

Oxytocin und Aggression: Bosch, O. J., Meddle. S. L., Beiderbeck, D. I., Douglas, A. J., Neumann, I. D. (2005). Brain oxytocin correlates with maternal aggression: link to anxiety. J Neurosci. 25(29), 6807 – 6815.

Oxytocin macht die Partner-Berührung angenehmer: Kreuder, A. K., Scheele, D., Wassermann, L., Wollseifer, M., StoffelWagner, B., Lee, M. R., … & Hurlemann, R. (2017). How the brain codes intimacy: The neurobiological substrates of romantic touch. Human Brain Mapping.

Oxytocin vergrößert Abstand zu hübschen Frauen: Scheele, D., Striepens, N., Güntürkün, O., Deutschländer, S., Maier, W., Kendrick, K. M., & Hurlemann, R. (2012). Oxytocin modulates social distance between males and females. Journal of Neuroscience 32(46), 16 074 – 16 079.

Gesundheitsfördernde Effekte von Oxytocin: UvnäsMoberg, K., Handlin, L., & Petersson, M. (2015). Selfsoothing behaviors with particular reference to oxytocin release induced by nonnoxious sensory stimulation. Frontiers in psychology 5, 1529.

Andere Aktivitäten, die Oxytocin freisetzen: Morhenn, V., Beavin, L. E., & Zak, P. J. (2012). Massage increases oxytocin and reduces adrenocorticotropin hormone in humans. Alternative therapies in health and medicine 18(6), 11.

UvnäsMoberg, K., Petersson, M. (2005). Oxytocin, a mediator of antistress, wellbeing, social interaction, growth and healing, Z Psychosom Med Psychother. 51(1), 57 – 80.

7장

Menschen mit beschädigten A-Fasern: Camdessanché, J. P., Jousserand, G., Ferraud, K., Vial, C., Petiot, P., Honnorat, J., & Antoine, J. C. (2009). The pattern and diagnostic criteria of sensory neuronopathy: a casecontrol study. Brain, awp136.

Aktivierung der Insula: Olausson, H., Lamarre, Y., Backlund, H., Morin, C., Wallin, B. G., Starck, G., ... & Bushnell, M. C. (2002). Unmyelinated tactile afferents signal touch and project to insular cortex. Nature neuroscience 5(9), 900 – 904.

Olausson, H. W., Cole, J., Vallbo, Å., McGlone, F., Elam, M., Krämer, H. H., ... & Bushnell, M. C. (2008). Unmyelinated tactile afferents have opposite effects on insular and somatosensory cortical processing. Neuroscience letters 436(2), 128 – 132.

Insula und psychiatrische Erkrankungen: Nagai, M., Kishi, K., & Kato, S. (2007). Insular cortex and neuropsychiatric disorders: a review of recent literature. European Psychiatry 22(6), 387 – 394.

Berührungsarmut bei Patienten: Croy, I., Geide, H., Paulus, M., Weidner, K., & Olausson, H. (2016). Affective touch awareness in mental health and disease relates to autistic traits – An explorative neurophysiological investigation. Psychiatry Research 245, 491 – 496.

Schizophrenie in USA und Ghana: Luhrmann, T. M., Padmavati, R., Tharoor, H., Osei, A. (2015). Differences in voicehearing experiences of people with psychosis in the USA, India and Ghana: interviewbased study. Br J Psychiatry 206(1), 41 – 44. doi: 10.1192/bjp. bp.113.139048.

Schizophreniepatienten und Berührung: Ebisch, S. J., Salone, A., Ferri, F., De Berardis, D., Romani, G. L., Ferro, F. M., & Gallese, V. (2013). Out of touch with reality? Social perception in firstepisode schizophrenia. Social cognitive and affective neuroscience 8(4), 394 403.

Warum wir uns nicht selbst kitzeln können: Blakemore, S. J., Wolpert, D., & Frith, C. (2000). Why can't you tickle yourself? Neuroreport 11(11), R11–R16.

Das Selbst und Autismus: Lombardo, M. V., Chakrabarti, B., Bullmore, E. T., Sadek, S. A., Pasco, G., Wheelwright, S. J.,

Suckling, J. (2010). MRC AIMS Consortium, BaronCohen S. Atypical neural selfrepresentation in autism. Brain 133, 611 – 624.

Autismus und Verarbeitung von Berührung: Voos, A. C., Pelphrey, K. A., & Kaiser, M. D. (2013). Autistic traits are associated with diminished neural response to affective touch. Social cognitive and affective neuroscience 8(4), 378 – 386.

Orefice, L. L., Zimmerman, A. L., Chirila, A. M., Sleboda, S. J., Head, J. P., & Ginty, D. D. (2016). Peripheral mechanosensory neuron dysfunction underlies tactile and behavioral deficits in mouse models of ASDs. Cell 166(2), 299 – 313.

Temple Grandin: Temple Grandin: An Inside View of Autism: http:// www.autism.com/advocacy_grandin

Berührung bei AHDS-Patienten: Parush, S., Sohmer, H., Steinberg, A., & Kaitz, M. (2007). Somatosensory function in boys with ADHD and tactile defensiveness. Physiology & Behavior 90(4), 553 – 558.

Rogers, S. J., Hepburn, S., & Wehner, E. (2003). Parent reports of sensory symptoms in toddlers with autism and those with other developmental disorders. Journal of autism and developmental disorders 33(6), 631 – 642.

Sensorische Integrations-Therapie: Zimmer, M., Desch, L., Rosen, L. D., Bailey, M. L., Becker, D., Culbert, T. P., ... & Adams,

R. C. (2012). Sensory integration therapies for children with developmental and behavioral disorders. Pediatrics 129(6), 1186 – 1189.

Berührungs-Synästhesie: Banissy, M., Ward, J. (2007). Mirror touch synaesthesia is linked with empathy. Nat. Neurosci. 10, 815 – 816.

Banissy, M. J., Garrido, L., Kusnir, F., Duchaine, B., Walsh, V., Ward, J. (2011). Superior facial expression, but not identity recognition, in mirrortouch synaesthesia. J. Neurosci. 31, 1820 – 1824.

Holle, H., Banissy, M. J., & Ward, J. (2013). Functional and structural brain differences associated with mirrortouch synaesthesia. Neuroimage 83, 1041 – 1050.

Zusammenfassung der Spiegelneuron-Forschung: Rizzolatti, G., & Sinigaglia, C. (2016). The mirror mechanism: a basic principle of brain function. Nature Reviews Neuroscience 17(12), 757 – 765.

Kritik an der Spiegelneuron-Theorie: Hickok, G. (2009). Eight problems for the mirror neuron theory of action understanding in monkeys and humans. Journal of cognitive neuroscience 21(7), 1229 – 1243.

Berührung und Magersucht: Strumia, R. (2005). Dermatologic signs in patients with eating disorders. Am J Clin. Dermatol. 6,

165 – 173.

Crucianelli, L., Cardi, V., Treasure, J., Jenkinson, P. M., & Fotopoulou, A. (2016). The perception of affective touch in anorexia nervosa. Psychiatry research 239, 72 – 78.

Zucker, N. L., Merwin, R. M., Bulik, C. M., Moskovich, A., Wildes, J. E., Groh, J. (2013). Subjective experience of sensation in anorexia nervosa Behav. Res. Ther. 51, 256 – 265.

Arzt-Patient-Interaktion: Bruhn, J. G. (1978). The doctor's touch: tactile communication in the doctorpatient relationship. Southern medical journal 71(12), 1469 – 1473.

Milz, H. (1992). Der wiederentdeckte Körper. Vom schöpferischen Umgang mit sich selbst (Artemis & Winkler, München).

Placebo Effekt: Benson, H., & Epstein, M. D. (1975). The placebo effect: A neglected asset in the care of patients. Jama 232(12), 1225 – 1227.

Benson, H., & Friedman, R. (1996). Harnessing the power of the placebo effect and renaming it remembered wellness. Annual Review of MedicineSelected Topics in the Clinical Sciences 47, 193 – 200.

Williams, S., Weinman, J., & Dale, J. (1998). Doctor–patient communication and patient satisfaction. Fam Pract 15(5), 480 – 492.

Benedetti, F. (2013). Placebo and the new physiology of the doctorpatient relationship. Physiological reviews 93(3), 1207 – 1246.

HeszenKlemens, I., & Lapi ńska, E. (1984). Doctorpatient interaction, patients' health behavior and effects of treatment. Social Science & Medicine 19(1), 9 – 18.

Kaptchuk, T. J. (2002). The placebo effect in alternative medicine: can the performance of a healing ritual have clinical significance? Annals of internal medicine 136(11), 817 – 825.

Berührungstherapeut Luke Tanner: http://www.luketanner.co.uk

Berührungen und Demenz: Kim, E. J., & Buschmann, M. T. (1999). The effect of expressive physical touch on patients with dementia. International Journal of Nursing Studies 36(3), 235 – 243.

Woods, D. L., Craven, R. F., & Whitney, J. (2005). The effect of therapeutic touch on behavioral symptoms of persons with dementia. Alternative therapies in health and medicine 11(1), 66.

Wang, K. L., & Hermann, C. (2006). Pilot study to test the effectiveness of healing touch on agitation in people with dementia. Geriatric Nursing 27(1), 34 – 40.

8장

Interozeption: Craig, A. D. (2002). How do you feel? Interoception: the sense of the physiological condition of the body. Nature reviews neuroscience 3(8), 655 – 666.

Predictive Coding: Friston, K. (2010). The freeenergy principle: a unified brain theory? Nature Reviews Neuroscience 11(2), 127 – 138.

Individuelle Fähigkeit zur Interozeption: Craig, A. D. (2004). Human feelings: why are some more aware than others? Trends in cognitive sciences 8(6), 239 – 241.

Critchley, H. D., Wiens, S., Rotshtein, P., Öhman, A., & Dolan, R. J. (2004). Neural systems supporting interoceptive awareness. Nature neuroscience 7(2), 189 – 195.

Interozeption und Psychiatrie: Farb, N., Daubenmier, J., Price, C. J., Gard, T., Kerr, C., Dunn, B. D., … & Mehling, W. E. (2015). Interoception, contemplative practice, and health. Frontiers in psychology 6, 763.

Yoga als Therapie: Balasubramaniam, M., Telles, S., & Doraiswamy, P. M. (2013). Yoga on our minds: a systematic review of yoga for neuropsychiatric disorders. Frontiers in psychiatry 3, 117.

Villemure, C., Čeko, M., Cotton, V. A., & Bushnell, M. C. (2013). Insular cortex mediates increased pain tolerance in yoga practitioners. Cerebral cortex, bht124.

Berührungen führen zur Neurogenese bei Mäusen: Shechter, R., Baruch, K., Schwartz, M., & Rolls, A. (2011). Touch gives new life: mechanosensation modulates spinal cord adult neurogenesis. Molecular psychiatry 16(3), 342 – 352.

Sex stärkt die Gesundheit: Brody, S. (2010). The relative health benefits of different sexual activities. J Sex Med. 7(4 Pt 1), 1336 – 1361.

Oxytocin durch Kuscheln: UvnäsMoberg, K. (2004). Massage, relaxation and wellbeing: a possible role for oxytocin as an integrative principle? In: Touch and Massage in Early Child Development, ed. Field T. (Calverton, NY: Johnson & Johnson Pediatric Institute).

Achtsamkeitsmassage: Stötter, A., Mitsche, M., Endler, P. C., Oleksy, P., Kamenschek, D., Mosgoeller, W., & Haring, C. (2013). Mindfulnessbased touch therapy and mindfulness practice in persons with moderate depression. Body, Movement and Dance in Psychotherapy 8(3), 183 – 198.

9장

Kommunikation durch Berührung: Hertenstein, M. J., Holmes, R., McCullough, M., & Keltner, D. (2009). The communication of emotion via touch. Emotion 9(4), 566.

App, B., McIntosh, D. N., Reed, C. L., & Hertenstein, M. J. (2011). Nonverbal channel use in communication of emotion: How may depend on why. Emotion 11(3), 603.

Smartphone-Nutzung und Depression: Demirci, K., Akgönül, M., & Akpinar, A. (2015). Relationship of smartphone use severity with sleep quality, depression, and anxiety in university students. Journal of behavioral addictions 4(2), 85 – 92. In-Touch: Brave, S., & Dahley, A. (1997, March).

In-Touch: a medium for haptic interpersonal communication. In CHI'97 Extended Abstracts on Human Factors in Computing Systems (ACM), 363 – 364.

RobotPHONE: Sekiguchi, D., Inami, M., & Tachi, S. (2001, March). RobotPHONE: RUI for interpersonal communication. In: CHI'01 Extended Abstracts on Human Factors in Computing Systems (ACM), 277 – 278.

Familyware: Go, K., Carroll, J., & Imamiya, A. (2000). Familyware. In Home Informatics and Telematics (Springer US), 125 – 140.

Keep in Touch: Motamedi, N. (2007, Febr). Keep in touch: a tactilevision intimate interface. In Proceedings of the 1st international conference on Tangible and embedded interaction (ACM), 21 – 22.

Positive Effekte von Berührung in der Pflege: Routasalo, P., &

Isola, A. (1996). The right to touch and be touched. Nursing Ethics 3(2), 165 176.

Bush, E. (2001). The use of human touch to improve the well-being of older adults a holistic nursing intervention. Journal of holistic nursing 19(3), 256 – 270.

CarisVerhallen, W. M., Kerkstra, A., & Bensing, J. M. (1999). Nonverbal behaviour in nurse–elderly patient communication. Journal of advanced nursing 29(4), 808 – 818.

Hollinger, L. M., & Buschmann, M. B. T. (1993). Factors influencing the perception of touch by elderly nursing home residents and their health caregivers. International journal of nursing studies 30(5), 445 – 461.

Therapeutischer Roboter: Stiehl, W. D., Lieberman, J., Breazeal, C., Basel, L., Lalla, L., & Wolf, M. (2005, August). Design of a therapeutic robotic companion for relational, affective touch. In: Robot and Human Interactive Communication, ROMAN 2005. IEEE International Workshop on Robot and Human Interactive Communication, 408 – 415.

Huggable: http://robotic.media.mit.edu/portfolio/huggable/

Video von Huggable: https://www.youtube.com/watch?v=UaRCCA2rRR0

Berührung durch Luftdruck: http://www.lamsaptic.com und

http://www.ultrahaptics.com

Berührungssimulator verursacht keinen Midas-Effekt: Haans, A., IJsselsteijn, W., Graus, M. P., Salminen, J. A. (2008). The virtual Midas touch: helping behavior after amediated social touch. In: CHI 2008 Proceedings, 507 – 3512.

Berührung von Haut und Dingen wird unterschiedlich verarbeitet: Ebisch, S. J., Ferri, F., Romani, G. L. & Gallese, V. (2014). Reach out and touch someone: anticipatory sensorimotor processes of active interpersonal touch. J Cogn Neurosci 26, 2171 – 2185.

옮긴이 ————————————————

안미라

유년기를 독일에서 보냈다. 서강대학교에서 독어독문학을
전공한 후 한국외국어대학교 통번역대학원에서 석사학위
를 취득하고 박사 과정을 수료하였다. 현재 프리랜서 번역
가 및 통역가로 활동하고 있으며 옮긴 책으로『너답게 나답
게』,『우리 그리고 우리를 인간답게 해주는 것들』,『내 아이
를 위한 비폭력 대화』,『지금과 다르게 살고 싶다』(공역),『나
를 아프게 하는 것들』등이 있다.

휴먼터치

초판 1쇄 펴낸 날 2022년 1월 21일

지은이 레베카 뵈메
옮긴이 안미라
펴낸이 이후언
편집 이후언
디자인 윤지은
인쇄제본 길훈씨앤피
제본 강원제책사
용지 신승지류 유통(주)

발행처 새로온봄
주소 서울시 관악구 솔밭로7길 16, 301-107
전화 02) 6204-0405
팩스 0303) 3445-0302
이메일 hoo@onbom.kr
홈페이지 www.onbom.kr

ⓒ onbom, 2022. Printed in Seoul, Korea

ISBN